김범부의
건국사상을
찾아서

김범부의 건국사상을 찾아서

초판 1쇄 발행 2014년 9월 1일
2쇄 발행 2016년 9월 1일

지은이 김범부
풀어쓴이 김정근
펴낸이 강수걸
편집장 권경옥
편집 윤은미 정선재
디자인 권문경 구혜림
펴낸곳 산지니
등록 2005년 2월 7일 제14-49호
주소 부산광역시 연제구 법원남로15번길 26 위너스빌딩 203호
전화 051-504-7070 | 팩스 051-507-7543
홈페이지 www.sanzinibook.com
전자우편 sanzini@sanzinibook.com
블로그 http://sanzinibook.tistory.com

ISBN 978-89-6545-261-4 93100

* 책값은 뒤표지에 있습니다.
* 이 도서의 국립중앙도서관 출판시도서목록(CIP)은 e-CIP 홈페이지
(http://www.nl.go.kr/ecip)에서 이용하실 수 있습니다.
(CIP 제어번호 : 2014021986)

풍류정신의 사람

김범부의
건국사상을
찾아서

— 김범부 지음 · 김정근 풀어씀 —

산지니

40대의 범부

칸트 탄신 240주년(1964년 4월 25일) 기념제를 마치고.
앞줄 가운데 앉은 이가 범부

60대의 범부

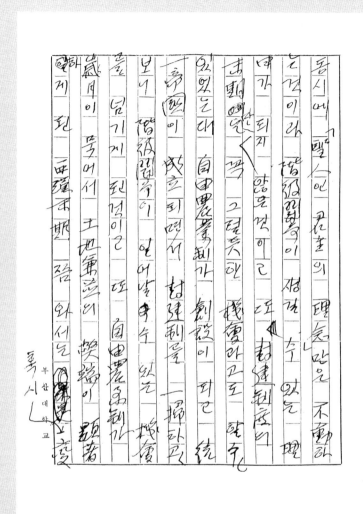

1960년대 초에 집필된 범부의 친필원고

1930년대 다솔사 시절의 범부. 가운데 앉은 이가 범부이고
뒷줄에 최범술 주지 스님과 석천 오종식(뒷날 한국일보 주필)이 서 있다.

서울 수유동 독립유공자 묘역의 범부 묘소

다시, 범부 문헌을 풀어쓰면서

왜 지금 범부인가

이 책은 2000년대에 들어와 활동을 시작한 범부연구회(회장 최재목, 선임연구원 정다운)가 펼치는 사업의 일환으로 펴내는 것이다. 범부연구회는 그동안 우리 사회가 잊고 살아온 사상가 김범부를 새로이 찾아내어 그의 생애와 사상을 연구하고 그것을 체계적으로 정립하는 일에 진력해왔다.

나는 2009년 이래 범부연구회의 활동에 참여해오면서 능력이 닿는 범위에서 나름의 영역을 설정하고 연구회가 그리는 큰 그림의 일부를 담당해보려고 노력해왔다. 그 결과 2010년에는 범부의 생애사를 밝힌 『김범부의 삶을 찾아서』를 내놓은 적이 있으며 2013년에는 범부의 풍류정신과 관련한 핵심 문헌의 일부를 오늘의 독자를 위해 쉬운 현대어로 '풀어쓰기'하여 소개한 『김범부의 생각을 찾아서』를 펴낸 바가 있다. 이 책 『김범부의 건국사상을 찾아서』는 범부가 남긴 문헌 가운데 특히 새로 탄생하는 대한민국 건국과 관련한 글을 한데 모아 역시 '풀어쓰기'의 방법으로 오늘을 사는 독자 앞에 내어놓는 것이다. 지금 이 책은 그동안 내가 추진해온 '찾아서' 시리즈의 마지막 권에 해당한다.

나는 왜 이 작업을 하는가? 이에 대한 답은 왜 지금 새삼스레 범부인가를 해명하면 저절로 구해질 것이라고 생각한다. 나는 지금 사람들이 범부에 관심을 가지는 데는 이유가 있다고 생각한다. 그것은 호사가들이 옛일이 그리워 벌이는 한가로운 일이 결코 아니라는 것이다. 바쁜 연구자들이 그가 남긴 문헌을 발굴하고 논문을 쓰고 책을 내어놓는 것은 단적으로 말해 그의 지혜가 지금 우리 사회에 필요하기 때문이라고 생각한다. 그가 남긴 발언의 내용이 지금 우리 사회를 올바르게 경영하는 데 절실하게 요구되기 때문이라는 것이다. 범부를 주제로 하는 학술 모임에 사람들이 몰려드는 것은 그의 사상에 대한 우리 사회의 수요를 나타내는 것이라고 여겨지는 것이다.

범부(金凡父, 여기서는 그동안의 관행에 따라 그냥 범부라고 부른다.)는 1897년에 태어나 1966년에 70세를 일기로 세상을 떠났다. 범부는 간헐적으로 세상의 이런저런 직업을 수행하기도 했지만 기본적으로 생의 대부분을 사상가의 길을 걸으며 살았다. 그는 생각하고 사람들 앞에서 말하고 글 쓰는 것을 업으로 삼은 직업적인 사상가였다고 할 수 있을 것이다. 출생 시기로 보면 그는 19세기 말의 사람이었고 세상을 하직한 때로 보면 20세기 후반의 사람이었다. 범부의 시대는 대한제국, 일제식민지, 미군정, 대한민국 시기에 걸쳐 있었다. 지금의 시점에서 보아 그는 대략 반세기 전의 인물이었다고 할 수 있을 것이다.

그는 어려서 신동으로 불렸고 성인이 되어서는 천재 소리를 들으며 살았다. 신동이나 천재와 같은 표현은 지금은 다소 어색하게 들릴 수 있지만 범부 당대에는 어렵지 않게 소통이 되고는 했다. 지금의 표현으로 하면 그는 창조적인 사상가였고 미래 지향적인 사고를 했던 인물이라고 할 수 있을 것이다. 학자들은 그를 일컬어 서양의 루소나 중국의 양계초梁啓超와 같은 인물이었다고 평하기도 한다.

범부는 생전이나 사후에 세상의 평판 또한 다양하게 받았다. 범부 자신의 막내아우가 되는 소설가 김동리는 범부에 대한 회상기에서 "나는 백씨가 지상에 있었던 두드러진 천재의 한 사람이라고 믿고 있다. 그에게 만약 그의 천재를 뒷받침할 만한 건강과 의지 그리고 기회가 주어졌던들 공자나 기독에 준하는 일이라도 할 수 있지 않았을까 생각한다."고 했다. 시인이면서 범부 생전의 제자였던 서정주는 범부의 죽음 앞에서 "하늘 밑에서는 제일로 밝던 머리"라고 조시를 지어 읊었다. 영남대 명예교수 이완재는 범부를 일컬어 "희대의 천재"라고 했다. 시인 김지하 역시 "김범부는 현대 한국 최고의 천재라고 생각한다."라고 단언했다. 영남대 철학과 교수이며 범부연구회 회장인 최재목은 "범부는 근현대기 한국의 사상과 학술 면에서 탁월한 능력을 보였던 사상가"라고 정리했다. 근래 우리 사회의 범부연구 열기를 감

지한《교수신문》은 이 현상을 "잊혀진 사상가의 귀환歸還"이라고
규정했다.

범부 연구자들은 그를 단순하게 기억력이 뛰어나다거나 모르
는 것이 없을 만큼 박식하다는 의미에서 천재로 보지 않는다. 그
의 천재성은 그런 것을 훨씬 뛰어넘는 차원에서 탁월성을 보여주
는 것이라고 생각한다. 그들은 그의 사상의 장점을 창조성과 미
래지향성에서 발견한다. 그리고 그들이 범부의 사상에 새삼스레
관심을 가지는 이유는 그의 언어가 공중에 떠다니는 말의 잔치가
아니라 시간을 초월하여 우리 현실에서 구체성과 실천력을 담보
하는 원리이자 방안이라고 보기 때문이다.

내가 지금까지 범부를 읽고 소화한 범위에서 말한다면 범부는
사람, 특히 한국사람은 모름지기 어떻게 살아야 하는가, 그것의
원리와 방법은 무엇인가를 추구한 사상가이다. 사람은 어떨 때
자신의 존엄성을 느끼게 될까? 사람이 스스로 근사함을 느끼는
순간은 언제일까? 사람으로서 참으로 자부심을 느끼게 되는 것
은 언제일까? 범부는 이런 의문에 답하기 위해 일생 동안 씨름한
사람이다. 그는 자신의 씨름판을 아동방我東方으로 하고 대상을
한국인으로 삼았다. 그래서 그의 과제는 언제나 한국인은 어떻게
살 때 가장 사람다운가 하는 것이었다.

범부는 그것의 원리와 방법론을 우리 민족의 오랜 역사와 전통
에서 구했다. 그는 그 일을 위해 남들처럼 외국으로 눈을 돌리지
않았다. 그는 가장 좋은 최종의 답을 우리 민족의 영성인 풍류도

風流道에서 찾았다. 풍류도를 규명하고 그 풍류도를 해석의 틀로 삼아 개인과 집단의 윤리를 세우고 신생 대한민국을 일으키는 데 초석을 놓고자 했다.

그래서 범부에게 풍류도는 알파요 오메가였다. 그에게 풍류도는 삶과 학문, 정치와 경제, 문화와 예술을 포함한 모든 영역에서 원리이자 방법으로 작용했다. 한국인은 풍류정신의 기반 위에 섰을 때 비로소 자신을 회복하게 되고 일의 올바른 성취가 가능하다고 보았다. 개인의 발전과 나라의 융성도 그 지점에서 달성되는 것이라고 보았던 것이다.

왜 풀어쓰기인가

앞에서 말한 대로 이 책은 범부가 지상에 남긴 문헌 가운데 신생 대한민국의 건국과 관련을 가지는 글을 한데 모아 오늘의 한국인들이 친숙하게 사용하는 현대어로 '풀어쓰기'를 하여 소개하는 것이다. 그런데 하필 '풀어쓰기'라고 하는 가공과정을 거쳐 이 책을 내어놓는 이유는 무엇인가? 거기에는 당연히 그럴 만한 저간의 사정이 있다.

범부 문헌을 읽어보면 그 유장悠長하고 심원深遠한 사상의 매력에 자신도 모르게 스르르 빠져들고 저절로 감동에 젖게 되면서도 마지막에는 어딘가 아쉽고 미흡한 느낌이 남는다. 이 느낌은 이내 범부 문헌과 오늘의 독자 사이의 소통의 문제로 연결된다. 과연 이대로 오늘의 독자가 범부를 이해할 수 있을까? 나는 개인적으로 이 문제에 대해 꽤 오랜 시간 동안 생각하고 고심해왔다. 지금은 문제점과 해결책이 어느 정도 분명해진 것 같다. 그것이 바로 '풀어쓰기'의 동기이기도 하다.

생각하면 범부가 다루는 주제 자체가 워낙 어렵다. 그는 세계와 싸우고 세기와 더불어 슬퍼하고 기뻐했던 사람이다. 그는 당대인이 이해하기는 애초부터 어려운 이야기를 흘리고 있다. 미래 세대에 가서야 겨우 해득이 가능할 법한 내용도 전해두고 있다. 이런 것이 범부 문헌을 기본적으로 어렵게 만드는 이유이다. 그리고 범부는 아무리 '천재'였어도 옛날 사람이다. 그것이 또한 범부 문헌을 어렵게 만드는 원인이 되고 있다. 그는 옛날 사람이었으므로 옛날식으로 표현했다. 거기다 범부는 문장의 스타일리스트였으므로 유난히 한문 관용구, 명언과 명구, 고사故事 인용하기를 좋아했다. 이것은 특별한 경우가 아니고는 오늘의 독자가 일반적으로 가지는 취미와는 거리가 있다고 할 것이다.

또 하나 범부 문헌을 어렵게 만드는 이유는 범부 문헌은 그 대부분이 구어口語로 남겨져 있다는 것이다. 문어文語처럼 정제整齊되어 있지 않고 어떤 경우는 산만하기까지 하다. 대담, 강의 속기록, 녹음의 전사轉寫 등이 나중에 가족, 제자, 언론사 기자의 손을 거쳐 원고로 만들어지고 그것이 다시 언론 매체에 실리고 책으로 만들어지기도 했던 것이다. 그러니 오늘의 독자가 그것을 대하면

껄끄럽고 난해하기 마련이다. 그들은 범부의 문헌에 숨어 있는 표현의 장애물에 걸려 넘어지기 십상이다.

풀어쓰기의 방법

여기 소개하는 범부의 건국사상 역시 위에서 지적한 여러 가지 이유 때문에 오늘의 독자가 원문으로 바로 읽기에는 어려운 점이 있다. 그래서 이 지면에서 '풀어쓰기'라고 하는 형식을 통해 독자의 접근성을 높이려는 시도를 했다. 그것을 위해 설치한 장치가 다음과 같은 것들이다.

· 중요한 독자로서 한글세대의 연구자, 일반 독자, 학생들을 상정한다.

· 필요하다고 생각되는 부분에 각주를 달아 독자의 이해를 돕는다. 범부 자신의 원문에는 처음부터 각주가 없는 것이 특징이다. 그는 본문에서 모든 것을 표현하고 있다. 다만 풀어 쓴 이의 각주는 범부 문헌의 '대중화'라고 하는 이 책의 취지를 살려 반드시 필요한 곳에만 붙인다.

· 어려운 한문 투의 낱말은 쉬운 우리말로 바꾸고 지금의 독자에게 어색하게 들릴 수 있는 옛날식 표현은 시대에 맞게 고친다. 예

를 들면 다음과 같이 한다.

· '長處장처'를 '장점'으로
· '短處단처'를 '단점'으로
· '脈狀맥상'을 '흐름'으로
· '氣習기습'을 '습관'으로
· '産苦산고'를 '해산의 고통'으로
· '鬼怪귀괴'를 '괴물'로
· '劇子극자'를 '주인공'으로
· '濫觴남상'을 '요람'으로
· '宗子종자'를 '맏자식'으로
· '果是과시'를 '과연'으로
· '自初자초로'를 '처음부터'로
· '滅跡멸적'을 '자취도 없이 사라진다'로
· '旅伴여반'을 '길동무'로
· '餘遑여황'을 '겨를'로
· '奮勵분려해서'를 '추슬러'로
· '坐而待死좌이대사'를 '앉아서 죽음을 맞이한다'로

· 구술이나 강의 또는 그것의 속기나 전사 과정에서 발생했을 것
으로 보이는 난삽하고 어색한 표현은 전후 문맥을 살펴 문장 자
체를 바꾼다.

수정 전: 그런데 여기 자못 용이치 않은 문제가 하나 또 걸려 있으니 뭣이냐 하면 과학정신의 한 편 요건으로서 회의의 태도는 언제까지나 존속해야 할 그것이언만 이 회의적 경향이란 것이 한 개의 기습氣習을 형성하게 되는 때는 그만 병상病狀을 주출做出하게 된다는 것이다.

수정 후: 그런데 여기 자못 쉽지 않은 문제가 하나 걸려 있다. 그것은 과학정신의 한 요건으로서 회의의 태도 자체는 어디까지나 건강한 요소로 볼 수 있으나 그것이 하나의 습관으로 굳어지는 때는 그만 병이 되고 만다는 것이다.

수정 전: 평시의 그것은 완전한 설명만으로써 그 귀결을 보게 되는 것이지마는, 이러한 과제를 두고 말하자면 설명이 그 귀결이 아니라 반드시 한 개의 실천을 요구하는 것이다.

수정 후: 평소의 강의 환경에서는 설명의 완벽성이 중요하다. 반면 국민운동과 같은 과제는 설명의 완벽성보다는 실천을 요구하게 된다.

·이와 같은 것들 이외에도 원문을 반복적으로 읽으면서 오늘의 독자와 소통의 면에서 장애 요소로 작용함 직한 부분은 과감하게 고친다. 그 결과 문단의 구조를 무리가 없는 선에서 약간씩 바꾸

어주기도 한다. 즉흥성을 가지는 강의의 특성상 가끔 옆길로 빠져나간 부분은 바로잡고, 중복된 부분은 통합하고, 뜻이 애매하게 꼬여 있는 부분은 전후 문맥을 살펴 흐름이 순조롭게 트이도록 한다.

이상은 독자를 위해 '풀어쓰기' 작업이 실제에서 어떻게 이루어지는가를 설명해본 것이다. 사례는 이 책의 한 부분에서 가져온 것이지만 같은 원칙이 전체에 적용되어 있다. 형식은 현대 한국어로 바뀌었지만 범부의 내용만은 온전히 살아 있기를 바란다. 작업 과정에서 손질은 보되 범부의 정치한 콘텐츠와 체취만은 살리려고 노력했다는 점을 이 자리에서 밝혀두고 싶다.

감사의 말

이제 머리말을 마치면서 감사의 말을 남기고 싶다. 우선 이 책이 마지막 권이 되는 '찾아서' 시리즈를 준비하는 지난 6년 동안 처음부터 끝까지 이 작업의 의의를 지지하고 음으로 양으로 나에게 도움을 준 사람이 있다. 그는 바로 범부의 막내딸인 김을영(金乙英, 1937~)이다. 을영은 자신이 아는 한에서 귀한 정보를 아낌없이 제공했다. 진심으로 고맙다는 인사를 전하고 싶다.

을영은 범부가 광복 직전에 한때 머물렀던 지금의 부산광역시 기장군 일광면 원당마을에서 어린 시절을 보냈다. 거기는 큰 오라버니인 지홍(趾弘, 1915~1971)이 아버지 범부와 자신의 항일 이력 때문에 식민지 시대를 고단하게 버티면서 지내던 곳이다. 지홍은 거기서 가족의 생계를 위해 일꾼들과 더불어 굴 두 개 규모의 기와공장을 경영하고 있었다. 범부는 1945년 한낮에 바로 그 기와공장에 딸린 사랑채 마당에서 해방의 소식을 듣는다. 소식에 접하자마자 범부는 마치 미친 사람처럼 아 - 소리를 지르며 한길을 마구 달렸다. 이것은 그 뒤에 많은 사람들의 입에 오르내리는 이야깃거리가 되었다. 그날 한길을 마구 달리는 범부의 뒤를 쫓아 벗겨진 신발을 주워들고 달린 것이 그때 초등학생이 되어 있던 을영이었다. 을영은 그날 범부가 그 일대의 사람들을 규합하여 지도한 시가행진에 참여하고 일행이 마지막으로 자신이 다니던 좌천초등학교(당시는 국민학교) 마당에서 만세삼창을 하고 헤어질 때까지 사람들 틈에 끼어 있었다. 이런 경험이 있는 을영의 증언은 나의 작업에 크나큰 활력소가 되었다.

다음으로 산지니 출판사에 감사한다. 범부의 부산 시대와 많은 관련을 가지는 이 원고의 가치를 인정하고 선뜻 채택해준 강수걸 대표에게 경의를 표한다. 그리고 세심한 작업 끝에 아름다운 책으로 만들어준 편집자 손수경 님의 노고를 잊을 수 없을 것 같다. 실로 산지니는 부산에 위치해 있지만 이미 부산의 출판사는 아니다. 전국의 유명 출판사 가운데 하나가 되어 있다. 이 출판사는 대한민국학술원, 문화관광부 등이 주관하는 우수학술도서에 수많은 책을 당선시키는 실적을 올리고 있다. 이 책이 이 출판사의 발간 목록에 포함되게 된 것은 실로 영광이 아닐 수 없다. 정말 고맙고 기쁘다.

2014년 3월
봄이 오는 길목을 지키며
남녘 땅 기장에서
김정근

제1부

———

신생국 정치의 방향

문헌의 유래

여기 제1부에서 풀어쓰기의 형태로 소개하는 글 5편의 원문은 그동안 여러 매체의 갈피갈피에 산재해오던 것들이다. 발표 시기는 1950년에서 1965년에 걸쳐 있다. 이 5편을 포함하여 여기저기 흩어져 있던 범부의 여러 짧은 글들을 한꺼번에 많이 발굴하여 한데 모아 책으로 펴낸 것이 『凡父 金鼎卨 단편선』(최재목 · 정다운 엮음)이다. 2009년에 이 책이 출간되기 전까지는 일반인은 물론 관심 있는 연구자들까지도 범부의 단행본 몇 권 말고는 그가 남긴 글의 전모를 거의 알 수 없는 상태였다. 아직 발굴되지 않은 범부의 글이 약간 더 남아 있을 것이라고 추측되지만 이제 큰 덩어리는 모두 드러난 것으로 보인다. 이 어려운 일을 끈기 있게 추진한 범부연구회의 최재목 회장과 정다운 선임연구원의 업적은 사람들의 기억 속에 오래 남을 것이라고 생각한다.

　이 지면에서 풀어쓰기를 하여 독자 앞에 내어놓는 범부의 글 5편은 『凡父 金鼎卨 단편선』에 실린 원문을 저본으로 삼는다. 다만 풀어쓰기를 하는 과정에서 의심이 가는 부분에 한해서 그때마다 여러 매체에 실려 있는 처음의 원본을 찾아 읽고 참고하였다. 원문이 필요한 독자를 위해 처음 원본의 출처를 일일이 밝혀두었다.

세상을 향한 범부의 발언은 대부분 구두로 행해졌다. 지금 글의 형태로 전해지는 것들도 그 대부분이 처음은 구두로 시작된 것이다. 신문이나 잡지의 기자 앞에서 구술한 것이 글이 된 경우도 있고 테이프에 녹음으로 남긴 것이 전사轉寫되어 글이 된 경우도 있다. 속기록의 형태로 남겨진 것도 있다. 속기록을 저본으로 하여 글이 되어 지면에 발표된 경우가 그의 유명한 「국민윤리특강」이다. 제자 한 사람을 앞에 두고 책 한 권 분량 전부를 구술하여 그 원고가 나중에 책으로 만들어진 경우도 있다. 그 단적인 예가 그의 『화랑외사花郎外史』이다. 이 책은 범부가 아끼는 제자 가운데 한 사람인 시인 조진흠趙璡欽이 1948년 겨울 명동의 한 허름한 건물 방에서 구술을 받아 적어 원고를 만들어두었다가 1954년에 책이 되어 나온 경우이다.

구체적으로 알려진 것은 없지만 범부 평소의 체질로 보아 여기 소개하는 글 5편 역시 비슷한 과정을 통해 지금 세상에 전해지고 있는 것이 아닌가 하고 여겨진다. 풀어쓰기를 하면서 반복적으로 글을 읽는 과정에서 느끼고 발견하게 된 것 역시 글의 출발이 구어이고 문어가 아니라는 것이다. 글이 풍기는 체취와 표현은 범부의 것으로 느껴지지만 글 자체는 누군가 다른 사람의 손을 거쳐 준비된 것이라는 심증이 가는 것도 사실이다. 몇몇 구두 증언에 비추어 보아서도 그렇게 추측해보는 것이 무리가 아니라는 생각이 든다.

아무려나 범부가 저자로 되어 있는 글의 탄생 배경은 여러 가지일 수 있을 것이다. 그러나 내용은 범부 자신의 것이다. 글마다 그의 고유한 정신과 내용의 탁월성이 드러나고 있다. 경우에 따라 그의 독특한 주장이 후렴처럼 반복되는 적도 있다. 범부의 경우 주장을 반복하는 것은 중요성을 부여하기 위한 것이라고 생각된다.

문헌의 내용

제1부 전체를 관통하여 흐르는 주제는 우리 민족의 저력에 관한 것이다. 그런데 정치가 미흡한 점이 많아 일을 그르치고 있으며 그것을 크게 바로잡아 고치는 방법은 민족 고유의 영성인 풍류정신과 그것에 근거한 지정至情의 회복에 있다고 주장한다.

범부가 국민 앞에 사표師表로 내세우면서 귀감으로 삼을 것을 권유하는 인물 또한 일관된 특성을 지닌다. 그는 역사에서 큰 인물을 내세우지 않는다. 서양에서 사례를 찾지도 않는다. 언제나 아동방我東方 한국의 전통에서 사람을 꼽아 올린다. 범부의 글에 반복적으로 등장하는 이름은 밀양 폭탄사건의 주역인 우봉牛峯 곽재기郭在驥, 대동여지도를 만든 고산자古山子 김정호金正浩, 수군 병사로서 동해에 출몰하는 왜구를 격퇴시킨 안용복安龍福, 철광을 찾아내어 철을 생산한 구충당求忠堂 이의립李義立과 같은 인물들이다. 범부는 이런 인물들의 정신을 지정이라고 부른다. 아마도 그것은 화랑의 혈맥을 지칭하는 것일 것이다. 이것과 관련하여 범부 자신의 발언을 잠시 들어보자.

> 이런 사람들에게는 부귀를 탐내는 마음이란 없었고 공명을 얻고자 하는 마음도 없었다. 그저 나라와 동포를 위해 신명을 다 바쳐 분투하고 정진했을 뿐이다. 그들의 심경을 자세히 관찰하면 크고 작은 이해타산이란 없었다. 그저 그렇게 하지 않고는 배길 수 없는 무조건의 충정衷情이 있었을 뿐이다. 이것이 바로 지정인 것이다.-「우리의 국가관과 화랑정신」 중에서

범부는 1960년대의 한국을 신생국가라고 진단한다. 그래서 성숙한 국가에서 통용되는 민주주의 시대로 이행하기 위해 육성기를 두는 것이 필요하다고 보고 있다. 그리고 한국에서 모방정치는 처음부터 고려할 바가 아니며 경세적 식견에서 펼치는 건국정치가 요구된다고 주장한다. 이것과 관련하여 범부 자신의 말을 들어보자.

> 오늘 한국은 참다운 경세가를 기다리는 형편이다. 무엇보다 건국의 이상理想을 확립할 필요가 있다. 건국홍보, 건국국방, 건국농정, 건국상공, 건국문교, 건국외교, 건국내무, 건국법무, 건국재

무, 건국교통, 건국체신, 건국사회, 건국보건, 건국의회, 건국정
당, 건국통일, 건국방공 등이 두루 건국의 이상에 기초를 두고 추
진되어야 한다. 그것을 떠나 미봉책을 강구하는 정도로는 나라를
바로 세울 수 없다. 우선 급한 대로 눈가림식 처방으로 일관한다
면 건국기간이 길어질 수밖에 없고 그렇게 되면 건국기의 혼란
에서 벗어나기 어렵다.-「우리는 경세가를 대망한다」 중에서

범부의 말을 듣고 있으면 그저 마음이 숙연해지고 절로 고개가
숙여진다. 이제 여기서 더 지체하지 말고 곧바로 범부 자신의 말
과 글 속으로 들어가보기로 하자.

1. 한국문화의 성격
제작에 대한 대화초^{對話抄}

《신천지》(서울신문사), 5권 4호, 1950. 4 게재

문 한국문화의 성격을 관찰하는 데는 어떤 방법이 적당하다고
생각하는가?

답 어느 다른 나라 또는 어떤 계통의 문화나 사상을 관찰하는 데
도 그러하겠지만, 그중에서도 한국의 경우는 더구나, 더 그 방법
을 아는 일이 긴요할 것이다. 이런 것을 연구하자면 우선 문헌을
탐색하는 일이 가장 중요하다는 것은 말할 필요도 없다. 그러나
한편 생각하면 문헌만을 믿다가는 일을 그르치는 수가 있다. 원
문의 글자 하나하나에 지나치게 붙들려 매이는 통에 해석이 빗나
가는 경우가 있다. 무엇보다 어떤 때 문헌은 사실을 발견하고 포
착하는 데 오히려 장애 요인이 되기도 한다. 그런데 한국에서는
워낙 문헌 자체가 부족하다. 이 말은 한국사람이 만든 서적이 부
족하다는 말과는 성질이 다르다. 뭐냐 하면 서적이 많거나 적거

나 간에 한국 문화를 연구하는 데 필요한 문헌, 그것이 많지 않다는 말이다. 그런데 이 불비한 자료를 가지고 글자 하나하나에 매달리는 것은 아닌 게 아니라 의미가 적은 일이다. 그러면 우리는 무엇에 의거하여 문제 해결을 위한 중요한 사실을 파악할 수 있는가? 답은 결코 문자 중심의 문헌에 있지 않다.

문헌이란 말이 나왔으니 말이지 우리는 이것을 구분해 사용할 필요가 있다. 성문成文 문헌과 불문不文 문헌이 그것이다. 성문 문헌이란 일반적으로 부르는 문헌이고 불문 문헌이란 일체의 문물과 구비, 전설, 격언, 속담, 풍속과 같은 것들이다. 그중에서도 특히 한국의 경우는 공예, 음악 등을 중시하지 않으면 안 된다. 그리고 이 모든 것들보다 더 중시하지 않으면 안 되는 것이 있다. 그것은 곧 한국사람의 성격, 그 성격의 특색 바로 그것이다.

그러므로 우리가 한국문화의 성격과 같은 문제를 탐구하는 데는 성문 문헌을 아주 무시하기까지 할 필요는 없지만 불문 문헌을 주로 하고 성문 문헌을 오히려 종속으로 해도 좋을 것이라고 생각한다.

문 한국민족성의 특색이라 해도 좋고 한국사상의 특색이라 해도 좋고 또는 한국문화의 특색이라 해도 좋고 어쨌든지 한국성격의 특색이라고 할 것 같으면 무엇이 제일 뚜렷하다고 할 것인가?

답 대단히 좋은 문제를 골랐다고 생각한다. 한편 좋은 문제인 그만치 중요한 문제이기도 하다. 그것은 평소에 유의한 바도 있거니와 결코 간단하게 처리할 문제가 아니다. 오래 전부터 이 문제에 대해서 관심이 컸고 또 생각나는 대로 비망초備忘草를 준비한 것도 있고 약간의 원고를 만들어둔 것도 있다. 그래서 틈이 있는 대로 기록으로 남겨 동지들과 돌려보려고 생각은 하고 있으나 쉬운 일이 아니다. 지금 이 자리에서는 우선 가장 중요하다고 생각되는 한 가지를 짚어보기로 하자.

한국사람은 무엇보다 자연을 사랑한다. 그런데 자연을 사랑한다고 하면 어디 사는 사람이나 자연을 아주 사랑하지 않는 사람은 없을 것이므로 그것이 한국사람의 특색이 된다고 하기는 좀 어색한 일일 것이다. 이를테면 서양사람도 자연을 사랑한다. 그러나 동양사람은 서양사람에 비해 그 정도의 면에서 자연을 더욱 사랑하므로 거의 특색으로 보아도 좋을 것이다. 어쩌면 자연을 사랑한다는 것은 한국사람의 특색이기보다 오히려 동양사람의 특색인지 모른다. 그러나 내가 한국사람을 두고 무엇보다 자연을 사랑한다고 하는 것은 의미가 다르다.

동양사람이 다 같이 자연을 사랑한다고 하지만 인도사람의 그것과 중국사람의 그것은 같지 않다. 한국사람의 그것은 또 다르다. 문제의 핵심은 바로 여기 있다. 다르다면 어떤 점에서 다르냐는 것이다.

서양사람은 자연을 사랑하지만 결코 최고로 사랑하는 것이 아니다. 서양사람이 최고로 사랑하는 것은 첫째 신神(동방사람들이 생각하는 그것과는 다르다.) 또는 이데아Idea 또는 로고스Logos 또는 관념이나 물질과 같은 것으로, 자연은 오히려 그것들과 대립되는 것으로 보는 경향이 강하다. 그래서 어떤 서양사람은 자연을 이데아나 문화의 적대적 대상으로 규정하기도 한다. 말하자면 문화와 자연을 대립적으로 이해하는 것이 많은 서양사람들의 상식인 것이다. 그래서 서양사람들은 아我와 비아非我, 유有와 비유非有, 이런 대립의 논리에서는 으레 자연은 아와 유의 적대적 대립인 비아와 비유로 규정하는 것이다. 그러니까 서양사람들이 자연을 사랑한다는 것은 자연 그것을 사랑한다기보다 자연의 아름다움을 겨우 사랑하는 데 그치는 것이다. 그러나 자연의 이면에 숨어 있는 그 자연을 보지 못하는 사람들은 자연의 아름다움마저 깊이 감식하지 못한다.

서양사람들 가운데서도 이와 같은 지경에 대해 약간의 감회를 가진 사람들이 아주 없는 것은 아니다. 이를테면 시인 윌리엄 블레이크와 괴테, 철학자 스피노자와 같은 사람들은 동양사람의 그것과는 다르지만 그래도 자연의 이면에 숨어 있는 자연을 보려고 애를 썼던 사람들이다. 그 반면 동양사람들은 자연의 이면에 숨어 있는 자연 그것을 곧 신(서양사람들이 생각하는 그것과는 다르다.)이라고 인정한다. 또한 그것을 이데아 곧 이理라고 인정하고 로고스 곧 도道라고 인정하고 문화의 근원이라고 인정한다. 또한 그것을 유有의 진상眞相이라고 인정하고 아我의 진면목이라고 인정한다.

그러고 보면 동서의 대조는 이만치 명확한 것이다. 동양사람들에겐 천天이라든지 도道라든지 이理라든지 하는 것이 다 별것이 아니라 이 자연의 이면에 숨어 있는 자연의 별칭에 불과하다. 그러므로 초자연이란 말은 서양사람만이 할 수 있는 말이다. 서양사람이 말하는 초자연적 원리와 그 현상들은 동양사람의 안목으로는 모두가 다 이면에 숨어 있는 자연에서 출발하는 것이라고 보는 것이다.

서양사람들은 흔히 자연을 정복한다는 말을 한다. 그러나 동양사람의 생각으론 자연은 정복당할 리도 없고 따라서 정복할 수도 없다. 서양사람들이 이른바 자연을 정복한다고 하는 것은 문화의 힘을 말하는 것인데, 동양사람의 안목으로는 문화의 힘이란 틀림없이 숨어 있는 자연에서 출발하는 것이고, 이른바 정복을 당한다는 그 자연은 사람의 요구에 맞도록 처리되는 것에 불과한 것이다. 이를테면 이런 것이다. 배를 만들어 바다를 정복한다고 한다. 이것은 서양사람들이 가지는 일종의 착각이다. 배는 바다를 정복하는 것도 아니며 또한 바다가 배에게 정복당할 리도 없다. 무엇보다 그 배를 만든 재료는 쇠거나 나무거나 할 것이다. 그런데 배를 만들었다는 것은 쇠나 나무를 정복한 것이 아니다. 그보다 더 중요한 사안이 있다. 배가 물 위에 뜨게 되는 것은 자연의 법칙인가, 아니면 사람이 자연을 정복해서 된 일인가? 배의 재료인 나무도 쇠도 배가 물 위에 뜰 수 있는 법칙도 자연 이외에 아무것도 아니다. 사람이 정복한 것이란 아무것도 없다. 인간생활의 필요에 따라 자연의 승낙을 얻었다고 하는 편이 오히려 사실에 가까울 것이다. 서양사람들 가운데는 위대한 이론가도 있고 경복할 만한 과학자도 있다. 그러나 자연을 잘 아는 사람이 있다는 말은 견문이 적은 나로서는 들어본 기억이 별로 없다. 서양사람들의 자연에 대한 태도는 기계관 또는 물질관을 떼어놓고는 생각할 수 없다. 그리고 그들의 문화에 대한 태도는 목적관에 의거하고 있는 것이다. 물론 그들에게 이 기계관과 목적관은 서로 적대적으로 대립하고 있다. 이에 반해 동양사람에게는 기계관이고 목적관이고 또한 물질이고 정신이고가 다 한가지로 그 제1의 원칙이요 최고의 원칙은 다른 게 아니라 곧 자연 그것이다. 그러므로 목적관과 자연관은 본디 대립성을 가진 것이 아니다. 다시 말해 물질에 통해 있는 자연 그것이 필연의 법칙이라고 보아 무방한 것과 마찬가지로 문화나 정신의 원리인 목적과 자유의 근본원리 역시 자연의 그것임에 틀림이 없는 것이다.

이른바 동양의 자재自在란 것은 자유 이상으로 자유를 성취하고 초월한 것으로서, 나의 자유가 '제작'을 성취했을 때 자재에 이르는 것이다. 공자님이 말씀한 종심 소욕불유구從心所欲不踰矩란 내 마음이 하고 싶은 대로 해도 법이나 이념을 어기는 일이 없다는 것으로 곧 자재의 경지를 말한다. 또한 이것은 인위人爲가 '제작'에 이른 경지를 말하는 것이다. 이를테면 자재는 자유의 완전한 성취이며 자유는 자재의 과정적이고 극복적인 노력에 지나지 않는 것이다.

동양사람들은 모든 문화가 자연에서 출발하는 것이라고 보아왔으므로 자연을 사랑하는 농도 또한 매우 짙은 것이 사실이다. 오히려 지나치게 자연을 사랑하는 경향이 있어 한가를 일삼는 폐단도 없지 않다. 그래서 서양사람들의 자연 정복은 살벌함을 불러일으키고 동양사람들의 자연 사랑은 태만과 나약으로 흐르는 위험을 안고 있는 것이다.

문 지금까지는 자연관에 대한 동서의 차이를 설명한 것에 지나지 않는다. 문제는 한국인의 자연관이 같은 동방인의 자연관 가운데서 어떤 특색을 가지느냐는 것이다.

답 동과 서를 대강 비교해보았다. 한국적 자연관의 특색을 천명하는 데는 무엇보다 동서의 비교가 필요하다. 왜냐하면 서양적 자연관의 적대적 대립과 동양적 자연관의 몰아적沒我的(자연에 중점을 둔 우주관은 드디어 몰아적 인생관으로 귀착되는 경향이 있다.) 태도는 서로 거리가 멀 뿐 아니라 오히려 정반대라고 할 수 있다. 분명 문제가 있는 대목이라고 할 것이다.

자연과 인문人文은 정말 서로 어떤 관계일까? 이것은 워낙 간단하게 처리할 문제는 아니다. 자연과 인문은 가장 근본적이고 원칙적인 천명이 없이는 쉽게 처리되는 문제가 아닌 것이다. 이것에 대한 철저한 천명 작업은 일단 뒤로 미루기로 하고 오늘은 그 요점만을 간략하게 이야기해보기로 하자. 그런데 신통한 일이 있다. 한국적 사상 가운데는 자연과 인문의 관계와 관련하여 미묘한 성격이 드러난다. 만약 이것이 자연과 인문의 관계를 설명하는 데 과연 주목할 만한 적중성을 가진 것이라고 한다면 이야말로 동서문화사에서 중대 사건이 아닐 수 없다. 그러면 이렇게도 중대한 그 미묘한 성격이란 도대체 무엇인가?

우리 한국사람은 자신이 사용하는 어휘 가운데 스스로 놀랄 수밖에 없는 위대하고도 미묘한 말을 가지고 있다. 그런데 하나의 어휘가 이렇게까지 중대성을 가진다는 것은 얼핏 들으면 좀 과장이 아닌가 하는 의혹이 들 수 있다. 그러나 실은 전혀 그런 것이 아니다. 그런 혐의를 둘 필요가 조금도 없다. 왜냐하면 말이라는 것이 한 개인의 상투어가 아니며 어떤 민족이 역사적으로 사회적으로 지니고 있는 어휘이고 보면 그것은 이미 그냥 말이 아니라 사람들의 성격이며 생리이며 사상인 것이다. 워낙 말이란 입에서 나는 소리가 아니라 귀로 듣는 사상이다. 그러므로 어떤 의미 깊은 어휘를 가진다는 것은 곧 그 사상을 가진 것이고 또한 그런 성격과 생리를 가진 것으로 보아서 틀림이 없는 것이다.

그러면 그 신통한 어휘란 도대체 무엇인가? 그것은 다름이 아니라 우리말로 '제작'이란 것이다. 우리는 '제작'이란 사상, 그 성격 그 생리의 소유자인 것이다.

문 그러면 그 '제작'이란 어떤 의미를 가졌으며 그것이 한국인의 자연관과 한국문화의 성격과 어떤 관련을 가지는가?

답 우리는 흔히 이런 말을 한다. '그것 참 천생으로 되었다', '천
작으로 되었다', '천생 제작으로 되었다'라고 표현한다. 이를테면
'아무 사나이에겐 아무 계집이 제작이다'라고 할 때 '제작'이란
꼭 들어맞다, 사우 맞는다는 뜻이다. 제작의 '제'는 '저절로'라는
뜻으로 한자의 '자自'와 같으며 '작'은 '이루어진다'는 뜻이다. 가
령 길을 가다가 어떤 천연물이 사람의 마음에 꼭 들도록 된 것을
보았을 때 감탄하며 하는 말이 '천생으로 되었다', '제작으로 되
었다'고 하는 것이다. 그것은 이를테면 돌이나 어떤 다른 것이 사
람의 손이 가지 않은 상태에서 사람의 마음에 꼭 드는 모양을 하
고 있을 때, 다시 말해 어떤 천연석天然石이 저절로 탑처럼 생겼거
나 호랑이나 개 모양으로 된 것을 보았을 때 터져 나오는 말이다.
그런데 인공을 가하지 않은 상태에서 사람의 미적 감정에 꼭 맞
는 것을 '제작'이라고 하는 데 그치지 않고 그와 반대로 손을 대
어 인공으로 만든 것이 꼭 천연물과 흡사할 때 역시 '제작'으로
되었다고 한다. 가령 사람이 만든 그릇이 빈틈없이 잘 빚어졌을
때도 '제작'으로 되었다고 하는 것이다.

그러고 보면 '제작'이란 말은 자연이 인위에 합한 것과 인위가
자연에 합한 것에 두루 통용된다. 묘미는 여기 있다. 자연이 인위
처럼 되어 있고 인위가 자연처럼 되어 있는 것이 아니라 그냥 자
연 그대로라든가 그냥 인위 그대로라면 그것은 '제작'이 아니다.
인위와 관련이 없는 자연이나 자연과 관련이 없는 인위는 다 '제
작'이 아닌 것이다. 인위의 조화가 성취된 자연과 자연의 조화가

성취된 인위는 실상 둘이 아닌 하나이며 그 이름이 곧 '제작'이다. 요컨대 자연의 승인을 완전히 얻은 인위와 인위의 승인을 완전히 얻은 자연은 분명히 천인묘합天人妙合의 계기를 가지고 있는 것이다.

다시 말하지만 우리가 이런 어휘를 말로만 가진 것이 아니라 사상과 성격으로서 발휘하고 있다는 점이 중요하다. 이와 관련하여 몇 가지 예를 들어보기로 하자. 전통시대의 한국사람들은 음악을 연주하는 데 보표譜表를 사용하지 않는다. 가르치고 배우는 데서부터 보표를 사용하지 않으므로 연주에서도 보표를 쓰지 않는다. 물론 약간의 단순한 음절부호가 없는 것은 아니다. 그러나 어떤 악보를 앞에 놓고 그것을 보아가며 연주하는 것은 아니다. 가령 남태평양이나 아프리카의 원시부족 사회에서처럼 단순한 음악을 보표 없이 연주한다면 별로 문제될 것이 없다. 그러나 적어도 한국음악은 수천 년의 역사를 가지고 있어 세계의 어느 나라보다 종류가 많고 복잡한 구조를 가지고 있다. 문제는 여기 있다. 이런 음악을 어떻게 계승하고 전해왔는가 하는 것이다. 그것은 한국의 음악가는 모두 저마다 작곡가라는 것 말고는 설명할 방법이 없다. 다시 말하면 연주자는 연주 때마다 어느 의미에서 작곡가라는 것이다. 장단은 같지만 가락속은 연주자에 따라 그때그때 융통성 있게 변화된 모습으로 나타난다. 그러므로 한국의 음악가는 같은 곡을 가지고도 비록 장단은 같을지언정 동일한 가락속으로 연주하는 법이 전혀 없다. 연주자는 연주 때마다 순간의 감흥에 따라 새로 작곡해가면서 연주하기 때문이다. 한국의 무용도 이와 같다. 건축도 그렇다. 건축에 있어서 그것이 아무리 복잡한 건축일지언정 설계도라는 것을 사용하지 않는다. 아주 크고 복잡한 건축을 기획하고 지도하는 사람이라도 거의가 가감승제加減乘除를 채 할 줄 모른다.

음악이나 건축에 있어서 이런 성격의 발휘는 단순히 눈썰미나 숙련된 기량으로 설명할 수 있는 것이 아니다. 일종의 독특한 성격과 생리가 작용하는 것이라고 보아야 한다. 특히 어디서 이런 독특한 성격과 생리를 여실히 볼 수 있느냐 하면 한국 여성의 물동이 이는 모습을 보면 그것을 확인하게 된다.

물동이를 이고 두 손으로 그 귀를 쥐고 걸어도 물이 넘칠 염려가 있다. 그런데 여성들은 물동이를 붙들지 않고 걸을 뿐 아니라 심지어 걸으면서 손으로 뜨개질을 한다. 그것뿐이 아니다. 등에 어린아이까지 업고 그런 동작을 한다. 우리는 일상에서 이런 모습을 흔히 본다. 그것이 특수한 훈련이거나 서커스 장면에서라면 별로 놀랄 일은 아닐 것이다. 그러나 그런 것이 아니다. 한국 여성들은 일상생활에서 그런 일을 예사로 한다. 그렇다고 해서 이런 여성들이 물동이 이는 법을 특별히 연습하거나 훈련을 쌓는 일도 없다.

또 지난 시기에는 밥상을 어린 사환使喚들이 이는데 그 밥상인즉 지위와 세력을 가진 상전上典에게 이고 가는 것이다. 그런데 사환 아이들은 밥상을 머리에 인 채 손을 놓고 뭘 하느냐 하면 얼음을 타는 것이다. 만일 잘못해서 상전의 밥상을 둘러메어치게 되면 목이 달아날지 모른다. 그런데도 사환 아이들은 그런 일을 하니 그것을 모험이라고 생각하면 못할 일일 것이다.

여성의 물동이와 사환 아이들의 밥상은 서로 일맥이 상통하는 재주라고 할 것이다. 그런데 여성이라고 다 물동이를 이는 것은 아니다. 평생에 한 번도 물동이를 이지 않고 물을 받아먹기만 하는 여성도 적지 않다. 또 남자 사환 아이들이라고 다 밥상을 이는 것도 아니다. 오히려 밥상을 이고 다니는 사환 아이들은 극소수라고 할 것이다. 그런데 물동이를 이는 여성과 밥상을 이는 사환 아이만이 이런 생리를 가졌느냐 하면 결코 그런 것은 아니다. 그렇지 않은 여성과 남성도 같은 생리와 성격을 가지고 있음에 틀림이 없다. 그러면 물동이도 밥상도 이지 않는 사람의 생리와 성격은 어떤 방향으로 움직이는 것인가? 실로 우리 겨레는 물동이의 모성과 밥상의 부성이라고 하는 양친의 자손임에 틀림이 없다. 그러면 우리 겨레는 어떤 문화적 특성을 발휘해왔는가?

위에서는 '제작'을 인위의 조화가 성취된 자연과 자연의 조화가 성취된 인위라고 규정했다. 그런데 한국사람의 음악에 대한 태도나 건축에 대한 그것이 모두 물동이와 밥상을 연상케 한다. 그저 연상케 하는 정도가 아니라 결국은 그런 태도의 음악과 건축은 그 물동이와 밥상의 생리와 성격의 발휘임에 다름 아니다. 이것은 '제작'이란 어휘와 함께 그 사상, 성격, 생리의 소유자인 한국인의 표현인 것이다.

다시 말하지만 한국인의 진리에 대한 태도는 처음부터 복잡한 경로나 까다로운 매개와 같은 것을 두려고 하지 않는다. 말하자면 할 수 있는 대로 간단한 방법과 직접적인 태도로 자연을 파악하려고 한다. 그래서 인위에 합당한 자연을 파악하고 성취하는 것이 곧 '제작'에 이르는 길이라고 생각한다. 여기서 '제작'이란 말은 한자로 말하면 '조화'에 가깝다. 그러나 '조화'란 말은 워낙 '제작'과는 온통 다른 일면을 가지고 있다. '제작'은 인위와 자연의 묘합妙合을 표시하는 말이지만 '조화'란 객관성, 이를테면 천지조화天地造化, 조화옹조물주造化翁造物主, 화공化工 등과 같은 인위와는 전혀 관련을 갖지 않은 말인 것이다. 그러나 이것이 '제작'과 일맥이 상통하는 것은 '조화'란 작위作爲라든가 경영經營이라든가 하는 것과는 달리 절로 되고 절로 지워진다는 뜻에서 그러한 것이다. '제작'을 성취하는 데는 작위적이고 설계적인 것이 최고의 의의로서 요구되는 것이 아니다. 그러니 한국인이 그 무엇을 하는 데 있어서나 경영적이고 설계적이고 작위적인 것을 하지 않는 것은 될 수 있는 대로 간명직절簡明直截하게 '제작'을 파악하고 성취하려는 노력을 가장 중시하기 때문이다.

신라의 유물인 경주 첨성대는 동양 최고最古의 천문대이다. 그것이 한데서 천 수백 년의 비바람을 겪어왔지만 한 번도 손을 대어 고친 기록이 없다. 불국사의 석탑과 석굴암의 조각은 누구나 감탄하는 걸작이다. 지금 남아 있는 신라 태종무열왕릉의 거북 모양을 한 비석의 받침돌은 빼어난 조각품이다. 그 밖에도 신라의 금관과 옥피리와 같은 예술품은 어느 나라 사람이 보거나 그 문화 창조력을 상찬해 마지않는다. 그런데 이 모든 것들이 역사적 걸작품인데도 불구하고 그 제작자가 누구인지 거의 다 모른다. 고려자기와 분원자기分院磁器도 한국인 이상으로 외국인들이 더 경탄하는 바이지만 역시 그 걸작품들이 누구의 작품인지 모른다. 신라의 유리와 얼음, 고구려의 강서벽화, 고려의 주조활자도 누가 어떤 방법으로 만들었는지 전혀 모른다.

이것이 도대체 무슨 이유에서냐 하면 다른 게 아니라 이 땅의 제작자는 요컨대 모두 다 '제작'에 취한 사람들이라는 것이다. 그래서 '제작'이 성취된 뒤에는 다른 건 아무것도 물을 것이 없는 것이다. 또한 이 '제작'을 성취하는 것을 더없는 영광으로 여기면서도 동시에 그다지 대단한 일로도 생각하지 않는다. 말하자면 어떻게 어떻게 하다 보니 그렇게 된 것이라고 생각한다. 이렇게 너무도 영롱하고 너무도 깨끗한 성격은 아름답기는 하지만 위험하기도 하다. 이런 성격은 집착이 모자라기 때문에 문화의 형성에서 간헐성間歇性을 드러내는 폐단이 있다. 말하자면 제작활동이 역사적으로 꾸준히 지속되는 것이 아니라 어떤 개인이 생존해 있을 때 번쩍 빛이 나다가 그 사람이 사라지고 나면 아주 멈추어버린다. 이런 것은 우리 역사가 명백하게 증명하는 사실이다.

2. 역사와 폭력

《새벽》(새벽사), 송년호, 1954. 12 게재

폭력이란 도대체 그 표현부터 곱게 들리지 않는다. 그리 정다운
어휘는 아니라고 할 것이다. 그러나 역사의 비밀스러운 데를 탐
사하는 하나의 열쇠로서 폭력의 지위는 무시할 수 없는 것이다.
그러므로 조금은 피곤한 일이지만 이것을 아주 모른 체할 수 없
다. 이 문제야말로 인간이 이른 시기부터 떠안고 있는 숙제라는
생각이 든다.

　역사의 진행에서 늘 그렇다고 할 수는 없지만 어떤 큰 변화가
있을 때 그것은 자주 비극으로 치닫고 만다. 이것은 하나의 상식
이라고 할 것이다. 동서고금을 두고 어느 시대 어느 지역이라고
할 것 없이 역사에 변화의 소용돌이가 칠 때마다 비극이 들이닥
치곤 했다. 그것은 지금까지 우리의 역사적 경험으로 보아 거의
예외가 없다. 어떤 현명한 사람이 있어 이런 비극을 겪지 않고도
변화를 가져올 수 있는 길을 모색할 수 있다. 그러나 이 역사라는
것은 어떤 개인의 구미에 맞고 안 맞고를 떠나 자신의 길을 가는

것이며 그 과정에서 비극적인 국면을 통과하고 마는 것이다.

다시 말하지만 예나 지금이나 현명한 사람은 비극을 통과하지 않고 역사의 진행이 가능한 길이 없을까 하고 늘 고민한다. 하지만 지금까지 역사에서 그런 일이 일어난 적은 없다. 그러면 역사가 비극을 통과하는 과정에 과연 무엇이 움직이는가? 구체적으로 무엇이 비극을 가져오느냐 하는 것이다. 그것은 다름 아닌 폭력이다. 그리고 폭력 가운데 가장 문제가 되는 것은 파괴적인 그것이다. 파괴력을 가진 폭력이 문제라는 것이다.

얼른 생각해서 폭력과 파괴력은 표현만 다를 뿐 내용은 같은 것이 아닌가 하고 생각할 수 있다. 그러나 사실은 그렇지 않다. 그 둘은 서로 다른 것이다. 어떤 폭력은 그것이 파괴력이라고 할 수 없는 것이 있다. 힘이 너무 미미해서 파괴력이라고까지 규정할 필요가 없는 것이 있다. 또는 힘의 성질 자체가 파괴성을 내포하지 않는 것도 있다. 가령 파괴를 방지하기 위해 움직이는 힘을 어떻게 규정할 것인가? 어떤 무력武力이 움직일 때 힘 자체로 보면 그것은 폭력으로 보인다. 그러나 그것이 파괴력을 극복하기 위한 힘일 때 폭력으로 보기는 어렵다는 것이다. 그래서 폭력이라고 해서 모두 파괴력이라고 규정하는 것은 적절하지 않다.

이것은 하필 한국에 국한되는 문제는 아니다. 세계 어느 나라에서나 있는 문제이며 현대인이라면 두루 관심을 가지는 사안이다. 한국의 경우 지금 우리는 건국의 앞날에 대해 누구나 큰 희망과 확신을 가지고 있다. 그러나 우리가 이 도정에서 어떤 상대와 경쟁관계에 처해 있다고 한다면 단순한 희망과 확신만으로는 부족함이 있다고 할 것이다. 지금 공산주의자들은 어느 면에서는 우리보다 더한 희망과 확신에 차 있다. 그것을 우리가 원칙에 따라 간단하게 판단해버리면 오산이 따르게 된다. 그네들은 역사적 승리가 자신들의 편에 있다 확신하며 희망에 차 있다고 할 수 있다.

역사에서 폭력의 지위

그런데 공산주의자들의 희망과 확신이란 다분히 미신이며 착각이다. 이 점을 지적하고 설명하기 위해 우리는 역사상 폭력의 지위와 그 운명에 대해 검토할 필요가 있다. 공산주의자들의 소신은 유물사관에서 오는 것이다. 여기서는 유물사관의 전체적인 면을 검토하려는 것은 아니고 역사상 폭력의 문제와 지금 볼셰비키가 견지하는 소신과의 관련성을 간략하게 규명하는 데 그치려고 한다.

공산주의자들은 역사를 계급투쟁의 과정으로 본다. 하기야 어느 시대 어느 지역에 한정해서 볼 때 그 역사를 계급투쟁으로 해석할 수 있는 여지는 있을 것이다. 그러나 세계사 전체를 계급투쟁으로 보는 것은 무리이고 잘못이다. 가령 인도는 인구가 3억 2천만이나[1] 되는 큰 나라이다. 이 나라는 4천여 년의 역사에다 어

---

1) 이 글이 지면에 나타난 것은 1954년이었다. '3억 2천만'이란 당시의 인도 인구를 말한다.

느 면에서 유럽보다 우수한 문화를 가지고 있으며 특히 4계급제도가 확고하게 성립되어 있는 것으로 유명하다. 그런데 수천 년 전의 고대나 지금이나 이 나라에 계급투쟁의 역사가 없다. 혹시 약간의 마찰이 있다고 해도 그것이 역사적 사건으로 기록될 만한 것은 아니다.

한족漢族의 나라는 4억 이상의 인구와[2] 4천 년의 역사를 가졌다. 한족의 문화는 하나의 큰 체계로서 쉽게 그 깊이를 알 수 없는 정도이다. 그런데 이 한족의 역사에서 계급투쟁이라고 할 만한 큰 사건이 없다. 다만 이 나라의 전체 역사에서 어느 시대 어느 특정 지역에 국한하여 볼 때 계급투쟁이라고 설명할 만한 부분은 있다고 보아야 할 것이다.

그러나 공산주의자들은 투쟁의 원칙에서 사물을 관찰한다. 그들은 언제나 보수층과 신흥계급이 투쟁하는 것으로 보고 으레 보수층이 실패하고 신흥계급이 승리한다고 주장한다. 그들은 이와 같은 주장을 그냥 상식적으로 펴는 것이 아니라 변증법辨證法이라는 논리까지 동원한다. 그들은 이처럼 간단한 하나의 원칙에 대한 확신을 가지고 있으며 그것이 그들에게 불타는 희망을 주는 것이다.

내가 지금 말하고자 하는 것은 다른 것이 아니다. 공산주의자들의 소신이란 한낱 미신이며 그들이 가지는 희망이란 어이없

---

2) 중국의 인구 역시 글이 집필되던 1950년대 전반기의 그것을 가리킨다.

는 착각에 지나지 않는다는 것이다. 이것은 그들의 논리를 헤치고 들여다보면 금방 알 수 있다. 공산주의자들의 주장은 이런 것이다. 그들은 "과거의 혁명을 보라! 언제나 묵은 보수층은 붕괴되고 그 대신 신흥층이 성립된다."라고 외친다. 공산주의자들이 신흥층이 승리하고 보수층이 패배한다고 주장할 때 그들이 기대하는 것은 무엇일까? 그것은 첫째 보수층이 붕괴하고 정권이 자신들의 손에 들어온다는 것이며, 둘째 프롤레타리아의 이상 세계가 실현된다는 것이다. 이 점을 그들은 확신하고 있는 것이다.

과연 그럴까? 과연 그들의 주장이 옳은 것일까? 우리는 이 문제에 대해 좀 더 냉정하고 침착하게 접근할 필요가 있다. 과거의 역사를 곰곰이 들여다보면 지금 공산주의자들이 주장하는 것처럼 그렇게 된 예가 거의 없다는 사실을 알게 된다.

공산주의자들은 이것을 당장 부인부터 하고 볼 것이다. 공산주의자가 아닌 다른 사람들은 조금 의아해하는 표정을 지을 수 있을 것이다. 역사에서 과연 그런 일이 없었다는 것인가? 계급과 계급이 대립하는 가운데 신흥계급이 승리하는 예가 단 한 번도 없었다는 말인가? 지금부터 그 문제를 생각해보기로 하자.

복잡한 접근은 여기서는 잠시 접어두기로 하자. 그 대신 동서양의 역사에서 가장 큰 혁명사건이라고 할 수 있는 프랑스 대혁명과 진시황秦始皇의 혁명을 사례로 삼아 이 문제를 설명해보기로 하자. 프랑스혁명이 표방한 것은 민주주의 사회이다. 자유와 평등을 주장하는 그때의 혁명당원들은 이런 두 가지 생각을 가지고 있었다. 우선 그들은 특권계급이 붕괴되고 나면 정권이 자신들의 손으로 넘어올 것이라고 기대했다. 또 하나 귀족층을 붕괴시키고 나면 자신들의 손에서 자유와 평등의 세상이 이루어질 것이라고 믿었다. 그러나 그들의 기대와 믿음은 여지없이 빗나갔다. 시민층이 성장하여 자본주의 특권을 가져온 것이다.

얼마 후에 혁명당원끼리 숙청극이 벌어졌다. 그들은 스스로 몰락의 길을 재촉했다. 이때 프랑스인들은 물론 이웃 나라 사람들도 잘 모르는 나폴레옹이 나타나 정권을 잡았다. 혁명군의 손에 있어야 할 정권이 나폴레옹의 손으로 넘어가니 평등의 세상은 어디 가고 황제의 세상이 되고 만 것이다.

신흥계급의 승리란 이제 온데간데없었다. 그들은 완전히 몰락하고 말았다. 다만 그들이 귀족성을 없애버렸기 때문에 상인들이 장사하기가 한결 편리해져서 시민층의 자본주의적 특권이 생겨날 여지를 주었다. 만약 귀족층이 그대로 살아남아 있었다면 자본주의는 쉽게 생겨나지 못했을 것이다. 서슬이 퍼런 귀족층은 자유로운 상업 활동을 견제하고 기회를 허락하지 않았을 것이므로 시민층의 의욕이 꺾였을 것이기 때문이다. 프랑스에서 일어난 새로운 바람이 유럽 전역을 휩쓸기 시작하니 광범한 지역에서 그 모든 특권이 붕괴되고 말았다. 이 바람이 근세 자본주의의 효시가 된 것이다.

또 다른 예로서 진시황의 혁명을 살펴보자. 이 혁명은 역사에서 그 지위가 분명하게 천명된 적이 없기 때문에 오해도 많이 따른다. 하지만 세계사에서 그만큼 대규모의 혁명은 처음 있는 일이었다. 그러므로 진시황의 혁명은 세계 혁명사에서 가장 괄목할 만한 사건이라고 할 것이다.

진시황 당시의 정치형태는 봉건제로서 공公·후候·백伯·자子·남男이 다스리는 여러 제후국으로 나뉘어 있었다. 이 제도는 진시황 이전에 이미 천여 년을 내려온 것이었다. 그래서 그때 천자天子라고 하는 임금은 여러 봉건 제후국들의 맹주였다. 봉건 제후국들은 언제나 천자의 통치하에 있었다. 심지어 중앙에서 만든 책력冊曆을 제후국들에서 꼭 같이 상용하도록 했으며 따로 마음대로 만들지 못하게 했다. 이것은 천문天文에 대한 지식을 통일시키기 위한 것이었다.

이 제도는 처음은 가족적인 분위기에서 큰 갈등 없이 운영되었다. 그러다가 나중에는 제후국들이 서로 싸우게 되었다. 진秦나라도 원래는 봉건 제후국 가운데 하나였다. 싸우고 싸우다 보니 마지막으로 7개 제후국이 남게 되고 이 상황에서 진나라가 다른 6개국을 통합하게 된 것이다. 이것은 최초의 한족漢族 통일이었으며 당시로서는 세계 최대의 제국 건설이었다.

진시황이 국토를 통일시킨 후 또다시 공·후·백·자·남의 제후국으로 떼어주고 말았다면 그는 혁명사적 지위를 얻지 못했을 것이다. 그러나 그는 그렇게 하지 않고 봉건제도를 전부 폐지하고 국토를 36개 군郡으로 나누었다. 이것으로 진시황의 혁명사적 지위가 확보된 것이다.

그리고 진시황은 정전제井田制를 없앴다. 그것은 당시의 명제였던 부국강병을 위해서였다. 정전제에서 공전公田과 사전私田의 구획을 정해놓은 상태에서는 농민은 자신의 농사만 짓게 되므로 많은 황무지가 생기게 된다. 그는 이것을 개선하기 위해 모든 토지가 경작되는 방안을 도입했던 것이다. 폐정전개천백廢井田開仟佰이라고 했다. 정전제를 폐지하고 개간하지 않고 버려져 있는 천백을 활용한다는 뜻이다. 진나라는 그렇게 함으로써 증산을 가져오고 부국을 이루어 국토의 대통일을 굳히게 된 것이다.

폭력의 성격과 운명

진시황은 이처럼 중국천하를 통일하여 정치적으로 봉건제를 폐지하고 통일제국을 성립시켰으며 이전에 일종의 통제 농업제였던 것을 개선하여 자유 농업제를 개척했다. 진시황은 이 두 가지 대혁명을 완수한 것이다.

이제 봉건영주들이 서로 싸울 일이 없어졌다. 황무지가 살아나 옥토로 바뀌었다. 이렇게 되니 진시황은 큰 자부심을 얻게 되고 그것을 넘어 자만심을 가지게 되었다. 안하무인이 된 것이다. 다른 한편 진시황의 시책에 대하여 당시의 지식인들은 탐탁하게 생각하지 않았다. 사회 전체에 그들의 반대하는 목소리가 만만하지 않았다. 이에 진시황은 지식인들을 잡아다 죽이고 책도 불살라버리게 했다. 배우는 학생들에게는 옛적 글을 보지 못하게 했다. 그들에게 진나라의 법령만 가르치게 하고 가르치는 일은 관리들이 맡도록 했다. 그리고 전국의 무기를 걷어 없애버렸다. 봉건제를 폐지했으니 싸울 일이 어디 있겠느냐는 것이었다. 그는 다함이 없는 태평성세를 꿈꾸었던 것이다.

일이 그렇고 보면 프랑스혁명과 진시황의 혁명은 서로 형식과 성격은 다르지만 어느 면에서 일치하는 부분도 있다. 일치하는 부분이 있다는 것은 다름이 아니다. 그것은 바로 프랑스혁명군이나 진시황이 똑같이 폭력을 수단으로 사용했으며 그 결과 같은 운명의 길을 걸었다는 점이다.

혁명의 이상은 높고 가상한 것이었지만 두 혁명에서는 끔찍한 폭력이 동원되었다. 이 두 혁명에는 똑같이 파괴력을 지닌 폭력이 거침없이 사용되었던 것이다. 진시황은 후일 자신의 맏아들까지 사상적으로 반대했다는 이유로 귀양을 보내고 마침내 죽여버렸던 것이다.

일단 폭력이 사용되기 시작하면 일은 꼬리에 꼬리를 물고 터진다. 주역主役의 자신감이 적으면 적을수록 그의 행동은 더욱 난폭해지기 마련이다. 진시황이 죽고 난 뒤 그의 작은 아들은 포악한 행동의 정도가 더욱 심해졌던 것이다.

프랑스혁명의 목적과 이상이 무엇이었는가 하는 것과는 상관없이 한 번 폭력이 지나가자 이미 역사의 진행방향은 결정되었고 주역들은 자신의 역할을 다한 뒤에는 처량하게 몰락의 길을 밟게 되었다. 진시황 역시 자신의 역할이 끝났을 때 여지없이 몰락의 낭떠러지 위를 굴렀다. 만약 진시황이 폭력의 성격과 그것이 자신에게 가져올 운명을 미리 알았다면 그의 선택은 달랐을 것이다. 프랑스혁명군의 경우도 마찬가지였을 것이다. 그러나 역사의 신은 심술궂다. 인간의 역사에서 큰 변화의 소용돌이가 굽이칠 때마다 비극을 연출한다. 맹목적인 의욕에 사로잡힌 주인공을 내세워 폭력을 휘두르게 하고 비극의 꼭두각시 노릇을 하게 만든다.

진시황 당시에도 현명한 사람들이 있어 그들의 우려와 걱정이 백성들의 마음을 파고들고 있었을 것이다. 그러나 역사의 신은 그들의 손을 들어주지 않았다. 그 대신 진시황과 같은 맹목적 의욕에 눈이 어두운 사람을 등장시켜 앞뒤를 가리지 않고 자신의 열정을 불태우게 만들었다.

지금까지 동서양의 두 큰 혁명의 사례를 들어 폭력의 성격과 운명을 살펴보았다. 그러나 폭력의 성격은 하필 큰 혁명에만 적용되는 것은 아니다. 역대의 작은 혁명에서도 일단 폭력이 행사되고 나면 거기에는 반드시 비극적인 결말이 따랐던 것이다.

공산주의자들의 폭력을 경계한다

역사의 큰 변화에는 큰 폭력이 움직였다. 작은 변화에는 작은 폭력이 따랐다. 폭력의 크고 작음에 따라 큰 비극이 생기기도 하고 작은 비극이 지나가기도 했다.

지금 공산주의자들은 무슨 이유로 역사적인 확신과 희망을 가지는지 알 수 없다. 프랑스와 진시황의 혁명을 살펴보면 혁명의 주역들이 기대한 대로 된 것은 별로 없었다. 다만 프랑스의 경우 당시의 귀족 특권층을 붕괴시켰다는 소극적인 성과밖에 나타나지 않았다. 이것이 그들의 업적이라면 업적이라고 할 것이다. 중국의 경우 봉건제도와 정전제는 역사에서 다시 나타나지 않았으므로 역시 진시황이 이룩한 성과라면 성과라고 할 것이다.

지금 공산주의자들의 행태를 침착하게 관찰할 필요가 있다. 역사와 인간을 건설적인 원칙에서 바라다볼 때 폭력에 의존하는 그들의 확신이란 하잘것없는 미신에 지나지 않으며 그들의 희망이란 한낱 착각일 뿐이다. 그들은 역사를 잘못 읽고 있는 것이다.

그러므로 대한민국 국민은 국가건설의 도정에서 모름지기 건전한 확신과 희망을 가질 필요가 있다. 그리고 그것은 계통 있는 이론에 바탕을 둔 것이어야 한다. 그냥 확신을 가진다는 것과 이론적으로 무장한다는 것은 엄연히 다른 것이다. 아울러 공산주의자들의 폭력성에 대해 예의 주시하고 대비하지 않으면 안 된다.

말이 나왔으니 덧붙이는 것이지만 우리가 견지하는 확신을 좀더 섬세한 학리의 바탕 위에서 정리할 필요가 있다. 아울러 볼셰비키의 폭력성에 대한 규명 작업도 착실하게 진행시켜가야 한다. 이것이 우리 앞에 놓인 시급한 과제이다. 이 일에는 나 역시 책임감을 느끼고 있어 조만간 출간 예정인 몇 종의 책에서 그 전체 내용을 밝히게 될 것이다.

3. 우리 민족의 장점과 단점을 말한다
자아비판을 위한 종횡담

《조선일보》, 1961. 8. 27~28 연속게재

좌담일시: 1961. 8. 18 오후 2시부터

좌담장소: 조선일보사 회의실

참석자(가나다순)

김범부金凡父(철학자)

류광렬柳光烈(평론가)

이희승李熙昇(서울대 교수)

함석헌咸錫憲(종교인)

조선일보사 측 참석자

최석채崔錫采(편집국장)

조덕송趙德宋(문화부장)

선우휘鮮于煇(기획위원, 사회)

최석채 노염老炎이 대단한데 여러 선배님들의 노勞를 끼쳐서 죄송스럽습니다. 실은 혁명 이후 여러 분야에서 '인간개조'니 '민족성개조'니들 떠들고 있는데 어떤 의미로는 한국국민의 인간성에 대해서, 바꾸어 말하면 민족성에 대해서 냉혹한 비판이 가해지고 있다고 할까, 우리 국민성에 그런 비판을 받아야 할 만한 어떤 뚜렷한 결함이 있다면 모든 국민이 자기 개성을 재반성할 필요도 있고 또 고쳐나가자면 어떤 효과적인 방법이 있는가를 여러 선배님들께서 발견해달라는 것이 오늘 이 좌담회의 취지입니다. 하기야 누구나 자기 자신의 수치라든가 단점을 드러내는 것을 좋아할 사람이 없는 것과 같이 민족이란 집단 역시 스스로 자기들 단점을 남에게 폭로하고 싶지는 않을 것입니다. 허나 해방 후 16년간 우리가 겪은 사회는 어딘지 모르게 중심이 잡히지 않은 어수선한 세대였으니까요. 특히 자유당정권 12년, 민주당정권 9개월을 통해서 뼈저리게 느낀 것은 개인 하나하나를 따지면 모두 유능하고 훌륭한 인간들인데 막상 사회공동생활의 면에 이르러서는 가위可謂 엉망진창이었다고 해도 과언이 아닌 것 같습니다. 위정자가 나빠서 그랬든가 혹은 위정자가 나쁘지 않을 수 없었던 어떤 소지, 말하자면 그런 국민성이 탓인가 한 번 심각하게 재반성해야 할 단계가 왔다고 느껴집니다. 그런 의미에서 기탄없는 '민족의 자아비판론'을 피력해주셨으면 합니다.

사회 어떻습니까, 김범부 선생님. 옛날의 『삼국사기』, 『삼국유사』

라든가 기타 어떤 고전문헌에서 살펴보아도 우리 조상의 인간성이 그리 나쁜 것 같지만은 않은데 근세에 이르러 이기적인 면이 너무 발달한 것 아니에요?

김범부 세계 어느 민족 치고 장단점이 없는 민족이 없어요. 다 비슷비슷한 장단점을 가지고 있다고 봅니다. 요즘 민족개조론 얘기가 자주 나오는데… 단처短處를 너무 심각하게 생각하는 건 아닌가요. 1년 남짓한 시기에 두 번이나 혁명을 겪었으니 무리는 아니지만… 나는 일언이폐지一言以蔽之해서 우리 민족같이 총명한 민족도 드물다고 보는데요. 어떤 이는 한문자漢文字를 조선사람이 만들었다고 그래요. 창힐蒼頡이라는 동방인東方人이라고 말을 해요. 그것이 사실인지 여부에 대해서는 확인하기 곤란하지만 오행설五行說까지 이쪽에서 들어갔다는 말이 있어요. 거기에 대한 고증이 되어 있지 않아서 모르지만 신선神仙이란 것만 해도 옛날엔 한자로 신선 선仙자는 쓰이지 않았어요. 신선 선仙자는『장자莊子』와 굴원屈原의『초사楚辭』에서부터 나와요. 그 이전 문헌에는 선仙자는 없습니다.『사서삼경四書三經』에『육경六經』을 보탠『십삼경十三經』에도 선仙자는 한 자도 없어요.『봉선기』라는 것이 있는데 이『봉선기』에 볼 것 같으면 진시황秦始皇이나 신선의 이야기가 나오지만 그것이 모두 중국사람이 아닌 제인齊人이나 연인燕人이라고 그랬어요. 그게 우리나라 사람을 두고 말한 것 같아요. 사실 다른 민족으로서 한인漢人하고 비교할 수 있는 문학을 가진 민족이 어디 있느냐, 문화로써 비교할 수 있는 것은 한국민족 이외엔 없다고 그래요. 중국에는 책 만 권 이만 권 쯤 읽은 사람이 흔하고 수십만 권씩 가지고 있는 사람도 적지 않은데 우리나라 사람은 책 만 권을 구경한 이가 드물어요. 그러고도 그들과 그만큼 대등할 수 있었다는 것으로 미루어보면 우리 한국인은 기가 막히도록 총명한 게거든…. 요즘 우리 해외유학생도 세계 여러 나라의 유학생들 가운데서 단연 우월하다는 거예요. 군인들이 미국서 훈련을 받는데도 30여 개국 장교들이 모인 가운데 일등이 누구냐 하면 우리 한국사람이라는 거예요. 우리나라 농부조차 외국 농부에 비하면 총명하다고 볼 수 있거든…. 헌데 총명한 사람이 그 반면 개인적으로는 단처短處가 많은 법이에요. 경박하다거나 또 흔히 의지가 박약하고 또 소성小成에 그친다… 등등.

최석채 그것이 요새 와서 문제되는 것은 개개인의 소질이라기보다 하나의 국민적 기질로서, 특히 해방 후 16년 동안에 여러 가지 결점으로 드러났다고 볼 수 있지 않을까요?

김범부 아니오. 그렇게 볼 게 아니야. 그것이 총명한 사람이 가지는 단점이라고 보아야지. 아까 민족성이라는 말이 나왔는데 민족성보다는 기질氣質이란 말이 더 적합해. 민족성이니 그렇게 크게 말할 것은 없다고 봐요. 그런데 한국사람이 자신도 모르고 있는 큰 결함이 꼭 하나 있는데… 무엇인고 하니 '말살성抹殺性'… 이것은 될 수 있으면 공개하고 싶지 않아요. 무엇인고 하니 자기에게 큰 이해利害도 없이 남을 말살해버리는 폐단이 있단 말이오. 여지없이 말살해버려요. 그것이 지위나 세력이 없을 때는 별로 폐단이 나타나지 않지만 지위나 세력을 가지게 되면 결단이 나지.

이를테면 사람이란 산천山川을 요렇게 벗겨놓고는 못 사는 법이에요. 어떤 사회라도 요렇게 벗겨놓고는 견디어낼 수 없어요. 그것은 이해문제가 아니야. 왜 요렇게까지 벗겨놓느냐 말이야. 해마다 수해에 피해가 많다고 하지만 그것은 천재天災가 아니야…. 천재는 왜 천재예요, 인재지. 비만 오면 산에서 물은 쏟아져 내리고 자꾸 하상河床은 높아지고, 이대로 20년만 간다면 그때는 말 다한 것이에요. 이런 말살성이 성격화해나가니 걱정이야. 어느 민족이 더 악하다, 그렇게 볼 수는 없어요. 선악이란 것은 선은 분명히 선인데 그것이 망할 수 있는 선이 있고, 악은 분명히 악인데 흥하는 데 필요한 악도 있어요. 그런데 우리가 갖고 있는 선은 흥하는 데 필요한 선보다 쇠衰하는 데 필요한 선이 더 많은가 봐요.

또 한 가지, 왜 단합이 잘 안 되느냐, 이건 시비심是非心이 너무 강한 탓이야. 시비분별이 너무 강하단 말입니다. 시비를 끝까지 분별하기 시작하면 남아날 것이 없어. 누구나 단처短處가 나타나게 되고 또 누구나 실수가 없는 사람이 없는 게거든. 서로 포용해야 단합이 생기는 것이에요. 시비를 캐어 나중에는 제 자신이 설 자리까지 없도록 조아리는 것이 나빠. 그것이 총명에서 오는 단처이거든요.

그런데 한국사람은 세계에 유례없이 용감한 민족이에요. 못 믿겠거든 중고등학생이 나서고 대학생이 앞장선 4·19를 생각하든가 6·25 때 결사대로 나간 젊은 사람들을 보면 돼요. 광주학생사건 같은 것도 세계에 유례가 없는 일이에요. 그 대신 용감한 사람도 단처가 있거든. 그것이 무엇인고 하니 잘못 하면 잔인해진다, 이 말입니다. 예전에 당쟁을 몹시 한 것도 총명한 데다가 겁이 없는 데서 그런 거예요. 용감하기보다 강한剛悍한 것이에요. 좋게 말해서 강한하고 나쁘게 말해서 편협하다고 할까요. 그런데 문제는 사람의 얼굴도 그 형편이 좋을 때는 단처가 숨는 법이라 장처만 나타나고, 형세가 나쁠 때는 단처만 나타나고 장처가 숨어버리는데… 민족도 마찬가지로 형편이 좋으면 장처만 드러나는 법이고 나라 형편이 나쁘면 단점만 드러나는 법입니다. 그래서 우리 국민의 기질에 관해서도 개조한다는 것보다도 단점을 들어가게 하고 장점을 드러내도록 약을 쓰면 됩니다. 개조라고 해서 수술하는 게 아니라 보약을 먹으면 돼요.

함석헌 기질이라는 것도 역사와 결부해서 생각해야 되지 않겠어요. 그것은 선천적으로 타고난 것이라기보다 생활을 해나오는 동안 역사적으로 구성되어가는 것이 아니겠어요. 지질학적으로 보아 빈 바탕을 가지고 생활을 해나가는 동안에 성격이 변했든지 무슨 그런 것을 결부시켜 보는 것이 좋지 않을까요.

김범부 따지고 보면 순수한 선천적 기질이나 선천적 성격이라는 것은 없는 것이지요. 일반적으로 역사는 그 지리적 조건이 규정하는 것인데 그렇다고 북미대륙에 사는 사람이 모두 인디언이 된다는 것은 아니지만 그러나 미주라는 지리적 조건이 미국의 역사를 규정한 힘은 절대적인 것이야…. 그런데 우리나라 지리가 아주 불행하게 생겼단 말이에요. 반도가 하나 내밀었는데 이것이 산이 아니면 골짜기요. 평야라는 것이 우리 국토에는 없거든…. 서해연안에는 연안평야 같은 것이 더러는 있지만 그것은 평야가 아니고 개땅이에요. 산이 아니면 골짜기요 등 너머 등이 있고 골짜기 너머 골짜기라… 이런 데 살고 보면 그 기질이란 것이 골장패 기질이 되거든…. 게다가 총명하다, 또 산이 맑고… 냉수를 어디 가서나 떠 마실 수 있고 산에 들어가면 향기에 싸여 있는데 등과 골짜기뿐이야. 마을마다 말씨가 다른 이유지. 그런 반도가 대륙 끝에 가 달려 있고 토지 인구가 우리의 몇십 배나 되는 큰 대륙이 우리나라의 역사라고 할 것이 성립되기 이전에 통일되었으니 아무리 훌륭한 민족이라도 행세할 수는 없었지요. 이런 조건 가운데서 이만한 역사가 성립되었다는 것은 우리가 잘난 거예요.

함석헌 요새 너무들 초조해하는 것이 탈이 아닌가도 생각되는데.

김범부 초조한 것도 단점이지요.

류광렬 이 선생께서 얼마 전 열여섯 살이나 먹었으니 좀 철이 들 라는 시를 쓰셨던데 이제 나이도 어지간히 먹었으니 점잖아지라 는 말씀 같으신데….

함석헌 '점잖다'는 말은 '젊지 않다'는 데서 나온 것이에요. 어원 은 젊지 않다는 데 있고 그 후 내용이 변한 것이라고 보아야겠지 요. 과거에는 '젠틀'하다는 것이 나잇살이나 먹어야만 하는 것이 었으니까.

김범부 그래도 나이를 먹으면 역시 젊은 사람하곤 다르지. 나잇값 이라는 게 있으니까.

이희승 실행은 젊은 사람이 해야지만 아이디어는 나이 좀 먹은 사 람이 내야 되겠지요. 요새 보면 젊은 사람들이 젊은 사람 고문顧 問을 가지고 있어요. 그건 무의미한 것 같아…. 나이 먹은 사람의 의견을 젊은 사람들이 참작해서 실행하는 것이 옳아요.

사회 우리의 언어는 형용사에 있어서 감각적인 면에 치우쳐 발달 했다고 하는데 그것이 기질과는 어떤 관련이 있는지요?

이희승 우리나라 어휘가 감각 면이나 감정 면에 있어서는 다른 민 족보다 발달이 되었는데 사고 면에 있어서는 우리나라 고유의 말외에는 별로 없어요. 사색하는 방면에 부족한 것 같아요. 그런데 언젠가 우리나라 말에 감정을 표현하는 말이 외국 말에 비해서 없는 것이 많다면서 우리나라 어휘가 부족하다고 개탄하는 것을 보고 그가 얼마나 외국어를 잘 하나 보려고 우리말의 번역을 외국어로 해보라고 한 적이 있었어요. 감정을 묘하게 표현하는 말이 많습니다. 그러나 사색 면에 있어서는 어휘가 부족한 것이 사실인데 이것은 한자로 많이 썼지요.

함석헌 그것을 한자로 보충하기 때문에 우리말이 제대로 발달하지 못한 것이라고 볼 수는 없을까요. 한문자漢文字라는 것이 들어오지 않았더라면 좀 더 훌륭히 발달하지 않았을까…. 아무래도 인간감정이란 말로 표시되는 법인데 남의 글자를 빌려왔으니 잘 발달될 수 없었다고 봅니다.

사회 우리 한국사람이 가지고 있던 최초의 순수한 기질이나 민족성이 외국과 접촉하고 그 문화를 받아들이면서 많이 달라진 것이 아니에요?

함석헌 많이 달라졌겠지요. 수천 년 전부터 그대로 전혀 변하지 않고 내려왔다고는 볼 수 없어요.

김범부 고유의 것은 잘 보존해야 됩니다.

이희승 우리 한국사람의 기질이나 민족성의 형성은 단순하지가 않아요. 국토가 좁은데 골짜기만이 들어선 이 반도에 삼한三韓 이 전서부터 한 나라라고 하기에는 모자란 무수한 '스테이트'를 구성해서 서로 겯고 틀고 했는데 물론 생존권을 유지하기 위하여 먹을 것을 획득하려고도 했겠지만 투쟁은 많이 했어요. 삼국시대에는 오랜 분쟁 끝에 신라로 통일이 되었지만 국부적으로는 각 군郡 단위로 그런 싸움이 계속되면서 고려, 이조에까지 왔다고 생각해요. 어려서 시골로 가면 종종 볼 수 있었는데 8월 추석 때나 정월 대보름께면 동네와 동네가 패가 갈려서 싸움들을 해요.

사회 석전石戰이 그것 아닙니까?

이희승 석전이지요. 서울도 그랬어요. 마포 패니 왕십리 패니 뚝섬 패니 하고. 어떤 이들은 문文에 치우친 이조 때의… 국민의 상무기풍尙武氣風을 높이기 위해 장려했다고도 하지만 그런 패싸움은 고구려 이전부터 있었던 겁니다. 그러니 그런 습성은 갑자기 없어질 수 없다고 봐요.

함석헌 그런 풍습은 우리만이 아니라 부족사회에는 모두 있었던 것 아니에요? 농군農軍의 두레 줄다리기 등이 있는데 그것은 부족사회에는 어디나 있는 것인데 왜 우리만이 그것이 결함으로 나타나야 했느냐는 점을 생각해야 돼요.

이희승 그건 우리 반도의 특수한 지리적 조건이 그렇게 영향을 미치고 있는 것 같습니다.

함석헌 거기에는 동감입니다만 왜 지리적 악조건을 극복하지 못했는가? 그리스 같은 곳은 어지간히 우리와 비슷해요. 그런데 그리스는 예술적으로나 학문적으로 문화의 꽃을 피웠고 알렉산더 같은 위인도 내고…. 반도인 로마도 그처럼 커갈 수 있었는데….

이희승 그건 아무래도 정치가 나빴다고 생각해요. 우리 민족이 아주 편협하고 몹시 고식적姑息的인 것은 오랫동안 시달리고 시달린 탓이 아닐까. 자유당 때의 정치인들의 경우만 해도 당장만 생각하고 도무지 내일이나 모레는 생각지 못한 것이 아닌가. 그렇게 한 담에야 언제 가서 보복이 오고 천벌이 온다는 것을 짐작할 수 있음 직한데 우리나라 사람은 내일에 백 냥百兩이 되는 일이 있어도 그보다는 오늘 한 냥兩만 생각하고 거기 어프러지고 말아요. 왜 고식적으로 되었느냐. 삼국시대, 고려시대에도 그랬다고 봅니다만 더욱 이조시대에는 인간이 고식적으로 될 수밖에 없었어요. 도무지 개인의 능력을 용납하지 않는 사회적인 조건이었어요. 밤낮 파쟁만 일삼고, 자유당이나 민주당 때 정치자금을 각 경제기관에서 긁어모으듯 극도로 백성을 수탈했어요. 그러니 백성이 기를 펴고 살지를 못했습니다.

사회 오늘의 노력에 내일의 대가가 있다는 보장이 없었을 테죠.

이희승 시골에는 토호土豪라는 것이 있어서 백민白民 같은 종들이 있고 그저 긁어들이기가 일쑤였어. 지붕이 두툼한 것조차 변이 돼서 불려가 얼토당토않은 죄명을 쓰고 고역을 치르든가 재산을 뺏겼으니까. 계집도 반반한 것은 못 데리고 살았다는 거야. 양반한테 빼앗기고 말도 못했거던. 그러니 부지런하고 노력하고 무얼 저축할 맘이 생길 리가 없어요. 좀 뛰어난 사람이 나타나 두각을 나타내면 그냥 두는 것이 아니라 어떻게 해서든지 헐뜯고 낮추고 귀양을 보내거나 처벌을 했어요. 김정호金正浩란 분이 대동여지도 大東興地圖를 만들었는데 일일이 걸어다니면서 목측目測으로 만든 그 지도는 동해안이 조금 줄어든 것 외에는 자로 측량해서 만든 지도와 별로 다른 것이 없을 정도예요. 그런데 그 공헌에 대한 표창은 고사하고 처벌을 했어요.

김범부 끝내 옥사했지.

이희승 충무공의 예를 보아도 기가 막힙니다. 승리를 얻고 돌아오면 치사致謝는 해놓고 불과 얼마 안 가서 모함을 하고 왜병이 또 쳐들어오면 다른 사람은 감당 못 하니까 또 나가서 싸우게 하고 이기고 돌아오면 또 모함을 해서 처벌을 하고 그러니 나중에는 한산섬 앞 바다에 나가 왜병들이 재기불능하도록 결말을 내놓고는 후환後患을 생각하고 일부러 전에 없이 갑판 위에 나타나서 적탄을 맞고 죽은 거예요. 원래의 성격들은 좋았는데 정치가 나빴던 거예요.

함석헌 그럼 백성이 왜 그것을 용인했느냐. 백성이 왜 그것을 제한하지 못했는가. 거기엔 그럴 만한 무슨 이유가 있는 것이 아닌가. 그것이 무엇인가?

김범부 그건 주자학朱子學 탓입니다. 이 땅에 주자학이 들어와서 너무 오랜 세월을 지배했어요. 기질이 시비분별을 가리고 너무 결백한 데다가 주자학이 들어와서 더 시비분별이 날카로와졌어…. 주자학이야 중국에서 생겨 우리나라를 거쳐 일본에도 들어갔지만 중국사람이나 일본사람은 우리처럼 받아들이질 않았어요. 원래 주자학은 어느 학파보다 분명히 군자서민君子庶民을 분별해야 한다고 강조하는 것인데 이것이 한국사람의 시비를 가리는 성미에 나쁘게 받아들여졌으니 결단난 거지…. 사람이란 서로 너무 따지고 들면 남아날 것이 없게 되거든….

이희승 그러니까 주자학이 우리나라 편협성에 불을 질렀다 그런 말이지요.

김범부 그렇지요. 그러니 작은 험을 크게 확대해놓았다고 볼 수 있어요.

이희승 우리나라는 형식상으로는 통일이 된 일이 있지만 실제에 있어서는 분쟁을 거듭해왔다고 보아야 돼요.

최석채 어쨌든 우리의 단점이 드러나 우리 정치가 불안해져서 국민이 못 살게 된 것이 사실입니다만 이제부터 이것을 어떤 방향으로 돌려 어떻게 고쳐가야 될 것인지요.

류광렬 요즘 문제되고 있는 우리 민족성이란 것은 대개 후천적인 것이 아닌가 해요. 지리적 조건, 자연적 조건 등이 부족사회를 규정한 이상 이제 기질이나 민족성이 사회 제조건에 의지한다고 보아야 할 것인데 주자학이 들어와서 군자와 서민, 음과 양을 너무 재연載然히 구별했다고 하지만 군자라는 사람도 어떤 경우에는 서민적 행동을 할 수 있고 서민도 어떤 경우에는 군자적 행동을 할 수 있었다고 봅니다. 그것보다 종래 주자학의 행동 면이랄까, 우리는 효孝라는 것을 가장 중요시한 것 같아요. 충忠도 장려는 했지만 그것보다 부모에 대한 효에 대해 유교는 아주 높이 평가했다고 봅니다. 주자학이 와서 모든 것을 가리기 때문에 가족주의가 상당히 규범화한 것 같아요. 우리나라에서 도덕논리로 삼강오륜三綱五倫을 내세웠는데 삼강오륜이라는 것이 따지고 보면 가족중심의 도덕이라고 할 수 있어요. 그런데 이 가족중심의 도덕이 높여져 우리나라 국민이 하나의 현대사회를 생활하는 사람으로서 국가를 형성할 국민이 되기 이전에 나라가 결단났어요. 그러니 나라 없이 일제의 압제 밑에서 40년을 살아오는 동안에 무슨 생각이 있었겠어요. 우리의 생활은 있어도 우리의 국가는 없다, 그러니 국가에 대한 충성이라는 것은 생각할 수가 없었지요. 그렇다고 일본사람으로부터 우리나라를 빼앗아 가질 엄두를 크게 내지도 못하고 그저 그 사람들의 심부름이나 하고 월급이나 받아 어떻게 미움이나 받지 않고 가족이나 살고 보자, 그런 고식적인 가족중심의 생각이 고질화되어 갔어요. 식민지 백성의 전형적 심리가 형성되었던 셈이지요. 3·1 운동 때는 선각자가 나타나 한 번 크게 소리는 쳐보았지만… 근대적 국민으로 형성되지 못한 이상 별 도리가 없었다고 봐요. 그것은 조선왕조시대에도 그랬겠지만 최근 사십 년 동안 형성된 것이 더 크다고 봅니다. 하여간 큰 재벌도 될 수 없다, 위대한 사람도 될 수 없다, 그저 처자를 굶기지 않고 살아가기만 하면 그만이라는 고식성姑息性이 좋은 기질이나 민족성을 만들었을 리 없지요. 그리고 지나치게 정치를 중시하는 것이 탈이야. 종래 유교에서 사士·농農·공工·상商이라고 해서 사는 상당히 높고 농공상은 지위가 낮다고 했는데 우리나라는 지나치게 사가 농공상에 미치는 영향이 컸어요. 너무 우월했단 말이야. 야인野人이 없으면 군자君子를 기를 수 없다는 말이 있는데 유교는 너무 야인과 군자를 구분했어요.

그런 생각이 머리에서 빠지기 전에 별안간 제법 근대적 국민생활을 하게 되었으니 서툴기 짝이 없는 데다가 모두 어떻게 한 번 치자治者가 되어서 살겠다는 생각만 하게 될 수밖에…. 그러니 아귀다툼처럼 정권을 잡으려고 남의 흠을 들추어내고 헐뜯고 야단이 난 거야. 밥은 한 그릇인데 먹을 사람은 많단 말이에요. 그러니 밥그릇을 넘겨다보는 사람을 헐뜯어야지. 그래서 이미 밥 한 그릇을 차지한 측은 너는 밥을 먹으러 오면서 왜 세수를 안 했느냐, 예절이 갖추어져 있지 않다, 말도 않고 와서 먹으려 든다, 너는 또 어디가 나쁘다 하고 헐뜯을 수밖에 없는 거야. 이건 성호星湖 이익李瀷의 글에 있어요. 공동생활이란 것이 편협해서는 안 되고 다른 사람에게 양보를 할 줄 알아야 해요. 부모에 대한 효도 좋고 국가에 대한 충성이나 삼강오륜이란 도덕도 있지만 무엇보다 시민사회의 공동생활에 대한 도덕이 강조되지 않으면 안 되겠어요. 치자治者를 지나치게 중대시하는 것도 다른 부문에 대한 가치를 적게 하는 데 있지 않은가. 산업, 과학, 문화 등 창조적인 면에 있어서의 노력을 정당히 평가할 줄 알아야 해요. 그것은 벌써 미국이나 서구 같은 민주주의가 앞선 나라에서는 이루어지고 있어요. 정말 학식이 있고 능력이 있는 사람은 대통령에 입후보하지 않는다지 않아요.

사회 지나치게 정치에 대해 관심을 가진다는 건 분명히 후진적인 탓이지요.

류광렬 벌써 오래전의 일이지만 33인 중의 한 분인 이승훈李昇薰 씨에게 한번 물어보았어요. 우리 민족에게 장처가 더 많으냐 단처가 더 많으냐 그랬더니 어느 민족이든지 부강하고 흥할 때는 장처만 보이는 법이고 쇠망할 때는 단처만이 두드러져 보이는 법이라고. 그기에 우리도 완전에 가까운 나라를 이루고 잘 살게 되면 웬만한 것이 다 장처로 보일 것입니다. 그렇게 되기까지는 시간이 걸리고 애를 쓰고 몸부림을 쳐야 하겠지요. 그 속도를 올리는 것이 우리 노력에 달렸다고 봅니다. 공동사회에 대한 협력을 강조하고 또 사회생활을 통해서만 행복의 추궁追窮이 가능하다는 점을 저마다 깊이 인식할 필요가 있을 줄 압니다.

사회 함 선생께서 항상 품고 계시는 생각을 말씀해주셨으면 합니다.

함석헌 다 말씀들 하셔서 더 보탤 것이 없는데, 저는 우리 민족이 상기도 한국을 발견 못했다고 생각합니다. 이 얼굴만 해도 요렇게 다듬어질 때까지는 적어도 5천 년은 걸렸을 텐데 우리 민족이 이만큼 살아왔다는 데는 '그 무엇'이 있는 탓일 거야. 분명히 무엇인가 있어요. 지리적 조건이 나쁘고 역사적으로 불행했고 부족한 것도 많았지만 그래도 죽지 않고 살아왔거든. 남의 나라의 압박을 당하기도 하고 불교가 들어오고 기독교가 들어오고 했지만 한국사람은 한국사람대로 있어서 변하지 않았어요. 종교가 다르고 얼굴이 다르고 살림 형편이 다르지만 한 사람 한 사람 따져보게 되면 다 일맥상통하는 무엇이 있어요. 그걸 우리 국민이 발견해야 되겠단 말이에요. 얼마 전 네루의 저서에서 산 역사는 민중에 있으니까 자주 접촉을 해야 된다는 구절을 봤는데 그 무엇을 찾아내려면 부단히 민중과 접촉을 해야 한다고 생각해요. 그래 자주 시간만 있으면 시골로 가서 여러 사람을 만나보는데 '그 무엇'이 있는 것은 틀림없어요. 요새 와서 보면 몹시 마음이 답답한 것을 느껴요. 길목에서 국민체조를 시키는데 그것을 가지고 어떻게 하자는 건지. 체조 자체가 나쁠 것이 없지만 그보다도 깊이 그 무엇을 찾을 생각을 해야지.

사회 아직 '그 무엇'인 한국을 발견하지 못하셨습니까?

함석헌 아직.

사회 그 윤곽이라도 말씀해주셨으면.

함석헌 아니, 아직 말할 수가 없어요.

최석채 그러면 문제는 나쁜 점을 어떻게 고쳐나가겠는가 하는… 방법론으로 화제를 옮겨주셨으면 어떻겠습니까?

함석헌 나는 늘 말하고 있지만 지원병志願兵으로 나가자는 거예요. 모두 지원병으로 나가란 말이에요. 한 동리에 망나니가 있는데 이 망나니를 올바르게 만들려면 군인으로 나가는 길밖에 없어요.

군대에 가서 이기고 오면 독립정신이 강해지거든요. 그다음에 나타난 망나니가 그 뒤를 따르고…. 이제 세계가 하나가 되자는 마당에는 데모크라시밖에 없지요. 그것을 왜 자꾸 고취하지 않는지 몰라. 그 속에 아주 뛰어드는 지원병이 되자는 거예요.

조덕송 어떻게 하면 우리 민족성을 순화하는 방향으로 나갈 수 있을는지, 무슨 구체적인 적절한 방법은 없을까요?

이희승 자연적인 조건과 인위적인 조건으로 나눠보면 모든 인위적인 것이 나빠요. 정치의 죄라고 나는 그렇게 보아요. 그러나 근래에 와서는 교통이 아주 편해져서 이 지방 사람 저 지방 사람 뒤섞여서 접촉하고… 외국 출입도 많이 하는 가운데 내 나라 형편을 생각할 때 자꾸 생각이 달라질 겁니다. 시간문제이지 앞으로 종래의 편협성은 시정되지 않을 수 없다고 봐요. 우리나라에서도 이젠 정치적으로나 사회적으로 누구든지 제 개성과 기능을 충분히 발휘할 수 있도록 또 노력만 하면 충분히 그 대가를 받을 수 있도록 제도를 잘 운영해나가야 해요. 우리 민족에 결점이 있는데 이것이 선천적인 것이냐 후천적인 것이냐… 선천적인 것은 고칠 수 없지만 후천적인 것은 고쳐나갈 수 있는데 그것은 일조일석에 시정될 수는 없다고 하더라도 언제 가서는 반드시 시정되고야 말 것이지요. 저는 실망은 하지 않고 있습니다.

최석채 그거 다 정치의 책임이라고 볼 수 있겠지요.

이희승 이조 오백 년 이래 정치의 책임으로 돌릴 수밖에 없지요. 이제 우리는 세도와 권력을 누리는 제도와 기풍을 고쳐야 합니다.

류광렬 나는 협동정신을 기르는 운동, 특히 야구 같은 것을 장려하였으면 하는데… 어느 한 사람만 잘못해도 팀웍이 허물어지는 야구 같은 운동을 우리 청소년들에게 장려했으면 좋겠어. 그것도 구경보다는 자기가 해야 돼요.

이희승 운동경기에 있어서 가끔 불상사가 생기는데 선수끼리의 싸움은 별로 없고 응원단에서 싸움이 많이 생기는 고것이 틀린 거야.

사회 오랫동안… 감사합니다.

4. 우리의 국가관과 화랑정신

《최고회의보》(국가재건최고회의), 2호, 1961. 10 게재

나 자신이 일찍이 여러 나라 국민의 국가관을 비교 연구해본 일은 없다. 따라서 이 글에서는 그 부분에 대해서는 특별히 언급하지 않을 것이다. 한편 우리나라 사람들의 국가관에 관한 한 별도의 연구까지는 한 적이 없다고 하더라도 그 윤곽만은 대강 말해볼 수 있을 것 같다. 그것은 가장 직접적으로 나 자신이 견지하는 국가관이 있고 우리 동포들이 국가에 대해 가지는 생각, 심정, 행동, 생활현실 등도 쉽게 접할 수 있기 때문이다.

우리는 먼저 한국사람의 고유한 국가관을 밝혀둘 필요가 있다. 이것은 다른 나라 사람들의 국가관이나 수입된 국가학에서 논의되는 이론 따위를 운위하는 일은 여기서는 삼가자는 취지에서 하는 말이다. 한국인이 역사적으로 고유하게 지녀온 국가관을 확인하고 적어도 그 장점만은 지켜나가도록 할 필요가 있다는 것을 강조해두고 싶다.

그러면 한국인의 고유한 국가관의 특징은 무엇인가? 최근의 역

사적 사실로부터 거슬러 올라가면서 대강 짚어보면 마음에 와 닿는 무엇이 있다. 이를테면 5·16군사혁명은 혁명동지들의 죽음을 각오한 국가관이 있어서 가능했을 것이다. 4·19학생의거 역시 청년동지들의 목숨을 내건 국가관이 드러난 역사의 현장이었다. 그리고 6·25 때 적진으로 몸을 던져 싸우다가 지금은 생사조차 알 수 없는 수많은 젊은이들의 국가관은 무엇이었는가. 특히 개성전투에서 산화한 10용사의 마음속에는 무엇이 움직이고 있었을까. 일제 40년 동안 국내외에서 생사를 초월하여 투쟁한 항일 의사들의 국가관은 무엇이었을까. 이처럼 역사의 굽이굽이마다 자신의 목숨을 아까워하지 않고 몸을 던져 싸운 이들이 마음속으로 간절히 원했던 것이 과연 무엇이었을까. 부귀였을까? 아닐 것이다. 공명이었을까? 그것도 아닐 것이다. 그러면 작은 나를 던져 큰 나라고 할 수 있는 민족의 이익을 도모함이었을까? 민족의 이익을 추구하는 것은 부귀공명을 찾는 일보다는 좀 더 그들의 대의에 와 닿는 것으로 보인다. 그러나 그들의 마음 깊은 데를 살펴본다면 이와 같은 이해타산의 잣대로 가늠할 수 있는 성질도 아니다. 그렇다면 그들의 심중에는 도대체 무엇이 작용하고 있었을까. 사람이 목숨을 걸고 하는 일이고 보면 반드시 생명보다 귀중한 무엇이 있었을 것이다.

지금 이 글을 적고 있으려니 지난날 나 자신이 몸으로 겪은 의사동지들의 얼굴이 지나간다. 우선 밀양 폭탄사건의 주역인 우봉牛峯 곽재기郭在驥 의사의 일이 떠오른다. 그는 밀양사건으로 일제

감옥에서 여러 해 징역을 살았다. 겨우 출옥하자 그의 아내가 기밀을 누설한 사실을 알고 칼로 살해를 하고 해외로 탈출했다. 처음은 만주에서 지내다가 생각한 바가 있어 소련으로 건너갔다. 거기서 그는 방방곡곡을 다니면서 그 제도의 장점과 단점을 살폈다. 그러다가 우리나라의 광복 즈음에 귀국했다. 곽재기 의사의 소련관은 한마디로 명쾌했다. 그는 다음과 같이 말했다.

사람이 살기 위해 정치도 있는 것이다. 그런데도 공산주의 사회에서는 사람이야 살든 죽든 주의만 관철하자는 셈판이다. 사람은 없고 주의만 있다면 그런 정치란 사람하고는 아무런 관련이 없다.

곽 의사는 언제나 과묵했다. 누가 무엇을 묻기 전에는 말이 없었고 말을 한다고 해도 간결하게 한두 마디만 하고 그만두던 성품이었다. 그는 에스페란토Esperanto[3]에 능통해 독서는 대개 그것으로 했다. 그러나 그 외국어를 다른 사람에게 가르치는 일은 즐겨하지 않았다.

그러던 그가 6·25 이후에는 통 보이지 않는다. 도무지 그의 생사존망을 알 길이 없다. 살아 있다면 이렇게도 깜깜하게 보이지 않을 리가 없으니 아마 세상을 떠난 것이 아닌가 싶다. 그러니 광복 후 6·25 이전까지 한 5년 동안은 매양 그를 만나곤 했다. 그

---

3) 폴란드의 안과의사 자멘호프가 창안한 자모 28개의 국제 보조어이다.

때 잘 곳도 먹을 곳도 없던 그는 한 달에 두 주 정도는 먹을 데가 있다고 하여 시골을 갔다 오곤 했다. 이제 저세상 사람이 되었다면 두 주 동안 굶으며 지내는 고생은 덜었을 것이다.

내가 한 번은 외출을 했다가 집으로 돌아오니 우봉이 양지바른 댓돌에 걸터앉아서는 무슨 꿈이라도 꾸는 양 소리도 없이 웃고 이따금 머리를 약간 흔들기도 하는 것이었다. 언제나 빙글빙글 잘 웃는 우봉이었지만 그날 그의 모습은 가히 걸작이었다. 그래 우봉, 이 사람아 하고 소리를 질렀더니 그는 놀란 눈치를 하면서 이내 자지러지게 웃음을 터트리는 것이었다. 그래 무슨 공상을 그리 재미있게 하느냐고 했더니 또 한바탕 자지러지게 웃으며 이렇게 말하는 것이었다.

참 꿈 같아. 우리도 나라가 있거든. 정녕 꿈은 아니지. 분명히 광복을 했단 말이야. 하하, 나도 나라가 있거든.

이 말을 마치고 그는 또 천진스럽게 웃기만 했다. 이 장면 앞에서 나는 그만 가슴이 무너졌다. 슬픈 감정을 억누르지 못하고 울음을 터트리고 말았다.

우봉은 평소에 자신의 불우한 처지에 대해 조금도 원망하는 기색이 없었다. 불평하는 말을 들어본 적이 없다. 그러면 이런 우봉 곽재기와 같은 사람의 심경을 우리는 과연 어떻게 헤아려야 할까. 그는 어떤 국가관을 가진 사람이라고 규정할 수 있을 것인가.

시기를 좀 더 거슬러 올라가면 고산자古山子의 지도 이야기가 나온다. 이 지도야말로 우리의 귀중한 문화재이다. 이 지도의 제작자는 고산자 김정호金正浩이다. 그는 일찍부터 우리나라에 상세한 지도가 없는 것을 개탄했다. 이에 그는 팔도를 몸으로 답사한 끝에 거의 누락 부분이 없는 훌륭한 지도를 만들었다. 혼자서 그 일을 다 해내는 과정에서 그가 겪은 고심과 노력이 어떠했을지는 짐작이 가고도 남는다. 이제 그는 답사의 결과물을 가지고 조판을 해야 할 단계에 이르렀는데 가세는 기울어 끼니 분별이 어려운 형편이었다. 그 아내가 땔나무 장사를 하여 겨우 살림을 꾸려가고 있었다. 그런 와중에 공교롭게도 그 아내의 땔나무 장사가 도움이 되는 면이 있었다. 땔나무 가운데 좀 굵은 것을 골라내어 지도판을 만드는 데 사용할 수 있었던 것이다. 참 지긋지긋하기도 한 광경이었다. 천신만고 끝에 지도판 제작이 완성되자 그는 그것을 당시 정부에 갖다 바쳤다. 그런데 이상한 일이 벌어졌다. 정부에서는 그를 칭찬하고 상을 주기는커녕 오히려 포도청에 잡아 가두고 말았다. 판목板木은 포도청에서 땔감으로 써버렸는지 어땠는지 없애버렸다. 당시 정부가 그에게 물은 죄목이란 그의 행위인즉 나라 강토의 비밀이 나라 바깥으로 새어나가게 할 우려를 낳게 한다는 것이었다. 참으로 이해하기 어려운 수작이 아닐 수 없었다. 그래서 고산자 김정호는 오늘날 우리 사회에 전해지고 있는 몇몇 판본만을 겨우 남긴 채 마침내 포도청 토굴에서 목숨을 잃고 말았다. 그러면 한번 생각해보자. 이런 고산자와 같은 사람의 국가관은 또한 어떤 것이라고 보아야 할 것인가.

그리고 근래 들어 우리 사회는 독도 문제로 떠들썩하다. 우리 땅에 대한 일본사람들의 침입과 노략질은 그 역사가 참으로 오래된다. 그동안 쌓이고 쌓인 사건도 많으려니와 그중에는 비슷한 일이 거듭 일어난 경우도 많다. 울릉도를 둘러싼 말썽은 숙종 때 일로 기록에 나타난다. 그때 그 사건을 처리한 사람은 알고 보면 놀라운 점이 있다. 그는 나라의 재상도 아니고 왕의 명을 받은 사절도 아니었다. 그는 한 수군병사에 지나지 않았다. 동래부에 배치된 전선戰船에서 노를 젓는 병사였던 것이다. 그의 이름은 안용복安龍福이었다. 그리고 당시는 군에 적을 두는 것은 천역賤役으로 치던 때였다.

안용복은 맡은 일 때문이었는지 일본말을 잘했다. 그런 그가 숙종 19년에 울릉도로 표류한 적이 있었다. 그때 일본사람들이 배 일곱 척을 타고 와서 울릉도를 마치 자신들의 땅인 양 방자하게 구는 것을 보았다. 이에 용복이 나서서 당당하게 항의했더니 일본사람들은 용복을 붙들어 오랑도五浪島란 데로 데리고 갔다. 용복이 그 도주島主에게 울릉도와 우산도芋山島는 본래 조선 땅임을 주장하고 자신을 구금하는 것은 옳지 않다고 했더니 이번에는 도주가 그를 백기주伯耆州란 데로 보냈다. 거기서 그를 맞이한 지방수령은 뭣을 봤는지 자못 용복을 환대하면서 원하는 것이 무엇인지 물었다. 용복이 말하기를 서로 영토를 침범하여 소요를 일으키는 것은 좋지 않으므로 그것을 금하고 이웃끼리 친하게 지내는 것이 좋겠다고 했다. 수령은 용복의 청을 흔쾌하게 받아들이고 강성江聲에 건의하여 문서를 만들어오게 했다. 용복이 문서를 지니고 장기도長崎島에 도착하니 도주는 문서를 강제로 빼앗고 그를 대마도對馬島로 보냈다. 대마도주는 그를 구속하고 그 사실을 강성으로 알렸다. 이에 강성에서는 다시 문서를 만들어 보내면서 용복을 해치지 말 것을 주문했다. 그러나 대마도주는 그 말을 듣지 않고 문서를 빼앗고 용복을 50일 동안이나 구속 상태에 두었다가 동래왜관으로 압송했다. 왜관에서는 그를 또 40일 동안 붙들어두었다가 마침내 동래부로 넘겼다.

이에 용복은 부사에게 전후사정을 자세하게 알리고 나라의 영토를 지키기 위해서는 특단의 조치가 있어야 할 것이라고 건의했다. 그런데 이상한 일이 벌어졌다. 부사는 용복을 칭찬하고 상을 주기는커녕 말도 되지 않는 조치를 내렸다. 부사는 용복의 말은 듣는 둥 마는 둥 하면서 그에게 중형을 내리는 것이었다. 죄목은 무단으로 국경을 넘어갔다는 것이었다. 용복은 한참 후에 풀려나기는 했지만 나라에서는 더 이상의 조치가 없었다.

용복은 울분을 참을 수 없었다. 당시 권세가의 문 앞에 가서 호소도 해보고 별별 일을 다 했지만 누구 하나 그의 말에 친절하게 귀를 기울여주는 사람이 없었다. 이에 용복은 나라의 중대한 일을 도모하기 위해 일대 모험을 감행했다. 그는 큰 수가 있다고 호언장담을 하여 판승販僧 다섯 사람과 탁공槕工 네 사람을 유인했다. 그렇게 해서 모인 용복 일행은 다시 울릉도로 가서 여전히 방자하게 구는 일본인들의 배를 붙들어 옥기도玉崎島를 거쳐 다시 백기도佰耆島로 갔다. 이때 용복은 기지를 발휘하여 교자轎子를 타고 관복官服을 입고 울릉도 수포장守捕將이라고 자신을 소개했다. 이에 도주는 용복 일행을 정중하게 맞이했다. 용복과 도주는 정식으로 국제적 담판으로 들어갔다. 도주는 대마도주와 협의한 끝에 지금까지 일어난 일에 대한 조치는 모두 용복의 제안대로 할 것이며 차후에 다시 약속을 어기는 자가 나올 때는 엄벌에 처할 것이라는 확약을 내놓았다. 용복 일행은 삼 년의 세월을 이렇게 보내고 천신만고 끝에 귀국하게 되었다. 용복 일행이 탄 배가 이번에는 강원도 양양襄陽에 와 닿았다. 그런데 이번에도 예상 밖의 일이 벌어졌다. 지방의 수령은 용복 일행을 붙들어 한양으로 압송해버렸다. 조정에서는 용복의 일 때문에 의론議論이 분분했다.

그런 끝에 나온 결론은 국경을 넘어간 죄가 중하므로 용복의 목을 베라는 것이었다. 이에 영돈녕領敦寧 윤지완尹趾完과 영중추領中樞 남구만南九萬의 동정적인 개입이 있었다. 그들의 간곡한 건의에 힘입어 용복은 겨우 사형을 면하고 원격지 유배에 처해졌다. 그 이후의 일은 자세하게 밝혀진 것이 없는데 아마도 유배지에서 불우한 삶을 살다가 저승으로 떠난 것이 아닌가 여겨진다. 자, 이제 다시 한 번 곰곰이 생각해보자. 이렇게 살다 간 안용복과 같은 사람의 국가관을 우리는 과연 어떻게 받아들여야 할까.

조선의 선비 이의립李義立이 철을 찾아 팔도강산을 헤맨 이야기도 눈물겹다. 우리나라에서 철광이 막힌 것이 언제부터였는지 자세히 아는 사람이 없다. 삼국시대에 철제무기를 어렵지 않게 만들어 사용한 흔적이 있는 것으로 보면 처음부터 철광이 없었다고 보기는 어렵다. 그러던 것이 어느 시기 이후부터 우리나라에서는 철이 생산되지 않은 것으로 보인다. 그래서 필요한 철을 중국에서 수입해 사용하기 시작했는데 그것도 무한정으로 들여올 수 있는 것이 아니었다. 매년 한도가 정해져 있었기 때문에 그것을 넘기는 때는 벌을 받게 되었다. 나라에 철이 부족하다 보니 무기도 제대로 만들 수 없고 부엌 세간이나 농기구마저 마음대로 만들어 쓸 수 없었다. 백성들이 겪는 어려움이 실로 이만저만이 아니었다.

현종顯宗 때 이의립이란 선비가 있었다. 그는 글을 읽다가 책을 덮으며 다음과 같이 한탄했다.

임진과 병자년의 난리 때 우리가 패한 원인은 무기 부족에 있었다. 철이 없으니 부엌세간은 어떻게 만들며 도대체 농기구가 부족하니 농사는 또 어떻게 지어 먹을 것인가. 이런 숨 막히는 일이 또 어디 있는가. 우리나라 산천에 어찌 철맥이 없겠는가. 어딘가는 분명히 있을 것이다. 이것 하나 찾아내지 못하면서 글은 읽어서 무엇 하자는 말인가. 내가 나서겠다. 철을 찾기 전에는 집에 돌아오지 않을 것이다.

그의 결의는 과연 장했다. 그러나 결의만으로 문제가 해결되는 것은 아니었다. 시련은 이제부터였다. 평소에 읽던 글이나 익힌 견문으로 철에 대한 문제를 해결할 수 있는 것은 아니었다. 그러나 그는 보통 사람들과는 생각이 달랐다. 그는 지성이면 감천이라고 생각했다. 나라와 백성을 위해 지성으로 기원하면 천지신명의 응답이 있을 것이라고 굳게 믿었다. 그래서 제문을 지어 하늘에 고하고 산신에게 빌었다. 이 의식을 처음에 치술령의 망부석에서 했다. 그곳에는 신라 박제상朴堤上의 부인이 일본에 사신으로 간 남편을 기다리다가 석상으로 변했다는 전설이 서려 있다. 그가 망부석에서 올린 제문이 기록에 남아 있다.

그는 십여 년 동안 철을 찾아 전국의 산천을 헤맸다. 가는 곳마다 제문을 지어 지성으로 빌었다. 그 결과 과연 그의 정성이 헛되지 않아 계시啓示의 응답을 받았다. 그는 드디어 그가 그토록 원하던 철맥을 울산 달천에서 찾았다. 철을 만드는 방법도 기도와 정성 가운데서 찾아냈다. 이렇게 해서 만들어낸 여러 유용한 도구를 나라에 바쳤다.[4]

그랬더니 당시 임금인 현종은 그를 불러 친히 만나고 크게 칭찬하면서 숙천부사肅川府使 자리가 비어 있으니 거기 가서 백성을 다스리는 일을 해보라고 했다. 그러나 그는 임금의 제의를 완곡하게 사양했다. 그는 이렇게 말했다.

---

4) 인터넷의 위키백과에서 '이의립'을 찾아보니 그때의 사정을 다음과 같이 전하고 있다. "궁각 280통, 함석 100근, 새철 1000근, 주철환 73만 개, 부정 440좌 등을 만들어 훈련도감에 바쳤다."(검색일: 2013. 10. 16)

소신小臣은 백성 다스리는 일을 공부해본 적이 없습니다. 백성 다스리는 일은 그것을 잘 할 수 있는 사람이 따로 있을 것입니다. 쇠 만드는 일은 소신만이 잘 알고 잘할 수 있는 일이니 계속 그 일을 하게 해주시면 천은天恩이 망극罔極하겠습니다.

그의 말을 듣고 보니 임금도 어쩔 수 없었다. 이에 임금은 그에게 철산鐵山을 하사하여 계속 쇠 만드는 일에 종사토록 했다. 이제 그는 원하는 대로 철광 현장에서 늙음을 맞이했다. 그러면 이제 우리는 선비 이의립과 같은 사람의 국가관은 또한 어떤 것이라고 볼 것인가.

우리 역사에서 이런 사례를 들자면 한이 없다. 아마 책 한 권은 될 것이다. 그런데 이런 어질고 의로운 사람들의 심정과 행동과 생활을 자세히 들여다보면 거기 하나의 유형이 떠오른다. 그들이 지녔던 국가관의 한복판을 유유히 흐르는 하나의 공통된 맥이 보이는 것이다. 그러면 도대체 그 맥의 참다운 면목을 어떻게 집약적으로 표현할 수 있을까.

그것은 한마디로 지정至情이란 것이다. 이런 사람들에게는 부귀를 탐내는 마음이란 없었고 공명을 얻고자 하는 마음도 없었다. 그저 나라와 동포를 위해 신명을 다 바쳐 분투하고 정진했을 뿐이다. 그들의 심경을 자세히 관찰하면 크고 작은 이해타산이란 없었다. 그저 그렇게 하지 않고는 배길 수 없는 무조건의 충정衷

情이 있었을 뿐이다. 이것이 바로 지정인 것이다.

쉽게 말해 지정이란 부모가 자식을 사랑하고 자식이 부모를 경애하는 심정과 같은 것이다. 물론 부모는 자식에게 무언가 기대를 하고 자식 또한 부모에게 덕을 보려고 하는 마음이 있다. 이것은 으레 있는 사람의 마음이다. 그러나 이런 마음은 일종의 변형으로 볼 수 있으며 핵심은 아니다. 부모자식 사이의 핵심적인 관계는 이해득실을 초월한 곳에 있다.

어질고 의로운 사람들이 나라에 대해 가지는 심정 또한 이와 같은 것이다. 그들의 마음은 이해득실을 벗어나 있으며 무조건적이다. 그들의 마음은 지정에 닿아 있는 것이다. 굳이 그들의 국가관을 규정한다면 윤리적 국가관 또는 인륜적 국가관이라고 불러볼 수 있을 것이다.

나의 이런 견해에 대해 이의를 제기하는 사람들이 있을 수 있다. 그들은 어질고 의로운 몇몇 인물들의 특수한 사례를 가지고 전국민의 국가관을 규정하는 것은 무리라고 할 것이다. 그런 접근은 감상적이고 주관적일 수 있다는 것이다. 그러나 마음을 비우고 살펴보자. 5·16, 4·19, 6·25 당시의 열사들이 도대체 어디서 온 사람들인가. 그들은 다 한민족 가운데서 나왔다. 역대의 어질고 의로운 선현들만 해도 이 땅과 역사가 길러낸 인물들이다. 그래서 아무리 못생긴 사람이라도 한민족의 일원이고 보면 선현들이 지녔던 그 마음의 십분의 일 또는 백분의 일 정도는 가졌다고 볼 것이다. 다시 말하면 한 사람의 어질고 의로운 선현의 마음이 백 사람에게 흩어졌을 때 무심한 관찰자에게는 아무것도 보이지 않을 수 있다. 그러나 백 사람에게 조금씩 잠재해 있는 그 마음이 한 사람에게 모이면 안용복도 되고 이의립도 된다는 사실을 알 필요가 있다. 그래서 사례로 든 어질고 의로운 인물들은 다만 대표성을 지녔을 뿐이고 예외적이라고 말할 수 없는 것이다.

그러면 이런 어질고 의로운 사람들에게 보이는 갸륵한 국가관은 어디서 유래하는 것인가? 이것은 실로 중요한 질문이 아닐 수 없다. 그러나 여기서는 지면 관계로 길게 설명할 여지는 없다. 그래서 결론만 넌지시 던져둔다면 그것은 다름 아닌 화랑花郎의 혈맥血脈에서 오는 것이다.

5. 우리는 경세가經世家를 대망待望한다

《정경연구》(정경연구소), 1호, 1965. 6 게재

전에 없는 난국을 맞고 있는 오늘의 한국

오늘의 한국은 과연 말 그대로 전에 없는 난국에 처해 있다. 이것은 결코 새삼스레 하는 말이 아니다. 적어도 오늘 한국의 정치적 현실을 자세히 관찰하는 사람이라면 하루에도 몇 번씩 이 말을 하게 된다. 이 말을 하면서 그들은 뼈에 사무치는 심정으로 개탄을 한다.

그러나 울분과 개탄이 능사는 아니다. 모름지기 이 난국의 유래를 진단하는 것이 중요하고 그런 다음에는 그것을 타개하는 방안을 모색해야 한다. 확신 있는 원칙을 세워 그 바탕 위에서 실천을 해나가지 않으면 안 된다.

그러면 순서대로 먼저 당면한 난국의 유래부터 탐구해보기로 하자. 이 일을 제대로 해내려면 우리는 실로 경직된 선입견을 버리고 초조해하지 말고 속단하는 일도 없어야 한다. 그리고 이런 일은 하루아침에 답이 나오는 것도 아니라는 사실을 알 필요가 있다. 그래서 여기서는 우선 급한 대로 큰 테두리만이라도 그려 보기로 하자. 그것을 생각하는 것만으로도 이미 숨이 막힐 지경이다.

우리가 기억할 것은 한국이란 나라는 신생국가라는 것이다. 그래서 한국은 다른 여러 신생국가와 마찬가지로 한때 국권을 상실하고 타민족의 압제 밑에서 신음하다가 근래 해방을 맞이한 경우로서 말하자면 해체된 국가와 해체된 국민의 경험이 있는 것이다. 그러므로 어제 그제 해방이 되었다고 해서 갑자기 완전한 국가가 되고 완전한 국민이 될 수 없는 것이다. 그런 일이 있다면 그것이야말로 기적일 것이다.

그러므로 한국의 엄연한 조건이 있음에도 불구하고 여러 기성의 국가에서 보이는 원숙한 정치현실과 우리의 그것을 동일시하는 것은 짧은 소견일 뿐이다. 기성의 국가에서 보이는 제도와 경향을 맹목적으로 따르면서 이렇게만 하면 반드시 선진 국가를 이루고 부강한 나라를 만들 수 있다고 고함을 치는 것은 참으로 한심한 작태이다. 이것이야말로 사대주의이며 굳어버린 사고의 포로가 된 꼴이라고 할 것이다.

우리는 이제 겨우 일개 신생국에 지나지 않는다. 건국의 길에 들어서 있는 우리는 국가로서 기본이 확립되어 있지 않고 식민지시대의 습속이 아직 남아 있는 형편이다. 습속이란 생리화되어 있기 때문에 하루아침에 지울 수 있는 것도 아니다. 이런 처지에서 기성 국가를 모방하는 데 열중하는 것은 길을 잘못 들어도 한

참 잘못 든 것이다.

그리고 민주주의는 우리가 선택한 원칙이다. 건국의 목표도 결국 건실한 민주주의 국가의 실현에 있다. 이것은 재론의 여지가 없다. 그리고 한걸음 더 나아가 외래의 민주주의를 그냥 맹목적으로 따르는 것만이 능사는 아니다. 이 땅에서 더욱 우수한 민주주의를 실현해내어 그것을 세계에 천명하는 기백과 노력도 필요하다.

이제 다시금 우리 현실을 들여다본다. 거기서 우리는 무엇을 보는가. 한국의 민주주의는 이제 겨우 이식移植의 초기 단계에 있음을 확인한다. 그것은 얼마 동안의 '육성기育成期'가 필요한 것으로 보인다. 이 육성기를 통과하지 않고서는 이 땅에서 원만한 민주주의의 실현은 기대하기 어려울 것이다. 그리고 육성기를 통과하는 데는 반드시 혼란이 따른다. 이것은 어느 사회에나 적용되는 정치적 원칙일 것이다.

민주주의 육성기에 생기는 혼란이란 결코 만만한 것이 아니다. 반드시 이것에 대한 대책을 세우지 않으면 안 된다. 대책을 세우는 과정에서 눈이 멀고 융통성 없는 의식과 경망스러운 발언으로 혼란에 부채질이나 하는 것은 옳지 않다. 이런 망나니들의 무식은 차라리 용서가 될 수 있을지 모르지만 그들의 사악한 호기심은 마침내 도의적 심판을 받지 않으면 안 될 것이다.

그뿐 아니라 우리는 지금 국토가 두 쪽으로 갈라져 있는 상태이다. 거기서 오는 참상은 더 이상 말할 필요도 없다. 이것이 우리 사회의 민주적 발전을 저해하고 있음은 모두가 아는 사실이다. 공산세력이 국토의 북쪽을 점거하고 있는 현실은 자나 깨나 우리의 마음을 무겁게 한다. 대공책對共策에 만전을 기해야 할 것이다. 통일을 성취하기 위해 한편으로 공산주의자들의 침략에 대비해야 하고 다른 한편으로 민주주의 질서를 기본으로 하는 건국의 과제를 수행해나가지 않으면 안 된다.

진정으로 남북통일을 원한다면 무엇보다 공산주의자들의 행태를 알아야 한다. 세계사의 흐름도 정확히 읽어내는 지혜가 필요하다. 그리고 공산주의자들의 술책을 극복할 수 있는 이론과 전략의 준비도 갖추지 않으면 안 된다. 이것과 관련하여 외세의존의 문제가 따른다. 상대가 제의하는 호의적인 조건에 힘을 얻어 받아들인 것이지만 외세의존이란 말하자면 사실 그 자체가 불행인 것은 틀림이 없다. 받는 쪽에서 고민이 있는 것은 당연하고 주는 쪽에서도 고심이 있을 수밖에 없다. 이런 경우 상호간의 이해란 것이 그렇게도 어려운 것이다.

받는 쪽이 취해야 할 태도는 무엇보다 자중하는 자세이다. 받은 것을 정당하게 사용한다고 하는 확신을 상대에게 주지 않으면 안 된다. 그 어떤 술수를 사용해서도 안 된다. 거래에 부정이 있어서는 안 되며 공정하고 유효하게 집행한다고 하는 믿음을 심어주어야 한다. 한국은 이 점에서 원조대상국으로서 조금도 손색이 없다는 것을 확실하게 증명해낼 필요가 있다.

이상은 신생국가로서 건국기에 직면하게 되는 몇 가지 어려운 국면을 짚어본 것이다. 비슷한 예를 더 들자면 한이 없을 것이다.

경세적 식견이 요구된다

지금 한국은 어느 면에서나 기본이 확립되어 있는 것이란 거의 없다고 해도 지나친 말은 아니다. 모든 것이 지금부터 시작이다. 이제 우리는 한편 백년대계를 세우면서 다른 한편 당면한 현실의 과제를 해결해가야 한다. 어느 것 하나 고민거리 아닌 것이 없다. 그러나 이런 우리의 형편은 어느 누구의 잘못이기보다 오랜 세월을 거치는 동안 폐단이 쌓인 결과라고 보는 것이 옳을 것이다.

오늘 한국이 당면한 과제는 사사건건 쉬운 것이 없다. 그들은 하나같이 창의적인 해결책을 요구한다. 왜냐하면 지금 우리 앞에 놓인 과제는 특수하기 때문이다. 그러므로 언제 어디서 사용된 적이 있는 일반적인 방안을 그대로 옮겨와 적용하면 통하는 그런 성질이 아닌 것이다. 지금 우리에게 절실히 요구되는 것은 어려운 과제 앞에서 자유자재로 능력을 발휘하는 다름 아닌 경세적經世的 식견이라고 할 것이다.

이 땅에는 문필인이 있다고 한다. 학자도 있다고 한다. 정치인도 있고 경제인도 있다고 한다. 그런데 도대체 경세적 식견이 보이지 않으니 어찌된 일인가. 혹시 정치가라면 경세가가 아닐까 하고 생각할 수 있지만 그건 그렇지 않다. 물론 진정한 정치가라면 반드시 경세가일 수밖에 없을 것이다. 그러나 아무런 원칙이나 방법도 없으면서 정치적 호기심과 분에 넘치는 야망에 들떠 기회나 노리는 것이 경세가의 모습일 수는 없다. 국민을 우롱하고 말살의 능력을 발휘하고 가벼운 말솜씨나 자랑한다면 오직 건국의 도정에서 장애는 될지언정 이미 정치가도 아니며 더욱이 경세가는 아닌 것이다.

모름지기 경세가라면 시국을 깊이 들여다보고 대세의 흐름을 전망할 수 있어야 한다. 그런 바탕 위에서 미래를 기획하고 현실을 개척해나가야 하는 것이다. 그런 과정에서 능력이 증명되고 기회가 허락되는 때는 맡은 바 소임을 오래 수행하여 더 많은 성과를 내게 되는 것이며 능력이 모자라고 기회가 닿지 않을 때는 언론이나 학술에 종사하거나 후진 양성에 매달리는 것이 예로부터 내려오는 올바른 길인 것이다. 경세가의 사례를 역사에서 찾아본다면 『육경六經』을 저술하고 후진을 지도하던 공자가 그런 인물이며 중정지도中正之道를 천명한 맹자 역시 그런 인물이다. 시대가 다르고 기량도 다르지만 우리나라의 율곡이나 다산 같은 이들도 보기 드문 경세가이다.

우리 역사에서 경세적인 식견을 보여준 인물을 몇 사람 더 꼽아볼 수 있다. 광대한 영토를 개척한 광개토왕, 화랑정신을 체계화 하여 삼국통일의 기초를 닦은 진흥왕이 바로 그런 인물이다. 우리나라에 목화씨를 들여와 백성들이 무명베옷을 입고 살 수 있게 한 문익점, 울릉도에 왜구의 침입과 노략질이 잦을 때 한 사람의 수병水兵으로서 갖가지 난관을 무릅쓰고 당시 일본 정부로부터 재침을 하지 않는다는 약속 문서를 받아낸 안용복 역시 그런 인물이다. 경세가의 반열에서 이의립을 빼놓을 수 없다. 이의립은 당시 국내에서 철이 생산되지 않고 그 때문에 임진왜란과 병자호란 때 무기가 달려 전쟁에서 패한 것을 안타깝게 여겼다. 철이 없으니 농기구를 제대로 만들어 쓸 수가 없고 부엌에 솥을 만들어 걸 수도 없는 형편 역시 딱하기만 했다. 이에 이의립은 책을 접고 분연히 일어났다. 그래서 오랜 세월 철을 찾아 팔도강산을 헤매면서 지성으로 천신天神과 산령山靈에 기원을 올린 끝에 울산 달천에서 철광을 발견하고 제철기술도 터득했다. 그 결과 이의립은 나라의 군사와 농사 정책에 일대 신기원을 이루었다. 이런 인물들을 우리는 경세가라고 부르는 것이다.

오늘 한국은 참다운 경세가를 기다리는 형편이다. 무엇보다 건국의 이상理想을 확립할 필요가 있다. 건국홍보, 건국국방, 건국농정, 건국상공, 건국문교, 건국외교, 건국내무, 건국법무, 건국재무, 건국교통, 건국체신, 건국사회, 건국보건, 건국의회, 건국정당, 건국통일, 건국방공 등이 두루 건국의 이상에 기초를 두고 추진되어야 한다. 그것을 떠나 미봉책을 강구하는 정도로는 나라를 바로 세울 수 없다. 우선 급한 대로 눈가림식 처방으로 일관한다면 건국기간이 길어질 수밖에 없고 그렇게 되면 건국기의 혼란에서 벗어나기 어렵다.

우리는 건국기의 경세가를 기다린다. 그런데 그런 한 사람을 우리는 언제까지 기다려야 하는가. 마냥 기다리고 있을 수만은 없지 않은가. 그러므로 이 시국을 걱정하는 동지들이 모일 필요가 있다. 그래서 널려 있는 여러 과제를 함께 검토하고 연구하여 그 결과를 위정자가 지침으로 삼을 수 있도록 제공해야 한다. 그래서 위정자로 하여금 국민일반을 바르게 이끌 수 있도록 해야 한다.

민주정치의 본령은 원래 민본民本, 민주民主, 민권民權이다. 군주정치에서도 정당한 왕도는 백성을 받드는 일에서 확보되는 것이었다. 천하는 천하의 천하일 뿐 한 사람의 그것일 수 없는 것이다. 그러므로 민주정치에서 민복民福과 민의民意가 무시된다면 그야말로 말이 되지 않는다. 그러나 진실로 백성을 위해서라면 먼저 국가의 확립부터 하지 않으면 안 된다. 그렇지 않고는 그 어떤 보장책도 사라지고 만다.

실로 국가와 백성을 걱정하는 한 가닥 마음이 있다면 국가를 떠나 국민이 존재할 수 없다는 데 생각이 미칠 것이다. 생각이 여기까지 이르면 오늘날 한국의 경우에서 '건국정치'의 과제에 눈을 돌리지 않을 수 없을 것이며 그렇게 되면 모든 정책이 그와 같은 방향에서 안출될 것이다.

민주정치의 본령은 언제나 민본이다. 이것은 두말할 필요도 없는 것이다. 그러나 모든 전문적인 성격을 가진 일체의 정책을 중의衆議에 붙인다는 것은 무리이다. 이것은 백성들 스스로가 수긍하지 못할 것이다. 더구나 창의적인 건국방책은 그냥 전문적인 성격이기만 한 것이 아니라 비상한 대 지혜를 요구하는 난제

중의 난제이다. 그러므로 한 사람의 경세가를 구하기 힘든 지금의 처지에서 모든 정책을 중의에 붙여 결정할 수 있다고 주장하는 것은 한갓된 의견이며 집착에 지나지 않는다. 설령 이런 언동이 악의는 없다고 하더라도 경세적 식견과는 거리가 아주 먼 것이다. 이런 언동을 일삼는 것은 결과적으로 국민의 불안을 조장하게 되고 공산주의자들의 음모에 영합하는 꼴이 되고 마는 것이다. 실로 한 조각의 애국심과 허심탄회한 양심을 가졌다면 이 점을 깊이 생각하지 않으면 안 될 것이다.

그러므로 우리는 이제 건국정치를 전제로 삼으면서 경세적 식견과 한갓된 의견을 엄격하게 구별하지 않으면 안 된다. 그리고 누구나 자신의 의견이나 주장이 경세적인 것인가 아니면 시대적인 흐름이나 경향에 영합하는 호기심인가를 냉정하게 성찰해볼 필요도 있는 것이다. 이것은 그 누구도 아닌 자신만이 아는 일이기도 한 것이다.

이런 말이 자신의 마음이 가지는 존엄성까지도 무시하는 사람들에게는 잘 받아들여지지 않을 것이다. 그러나 진실로 도의정신이 살아 있는 사람이라면 느끼는 바가 있을 것이다.

제2부

———

국민운동의 준비과제

문헌의 유래

여기 제2부에서 '풀어쓰기'의 형태로 소개하는 범부의 '국민운동론'은 범부의 특별한 개인사와 관련을 가지며 아울러 범부가 생전에 심혈을 기울였던 활동 가운데 하나를 대표한다.

범부는 일찍이 나이 16세 때 고향인 경주에서 일제에 항거하기 위해 군중집회를 시도한 적이 있으며 뜻을 이루지 못하게 되자 경주 남문에 격문檄文을 붙이고 청년들을 규합하여 경주와 울산 사이에 위치한 외동면 치술령으로 들어가 바위굴에서 생활하며 소규모 유격활동을 펼치기도 했다. 나중에 산사에 들어가 초막草幕에서 『월남망국사越南亡國史』를 읽었으며 그 밖의 여러 가지 병서를 탐독했다. 10대에 시작된 항일 의지는 끝내 꺾이지 않고 광복 때까지 지속된다. 불온사상가로 낙인이 찍힌 그는 식민지 시기 내내 행동이 자유스럽지 못했으며 직장을 가질 수도 없었다. 이런 사정 때문에 그는 1930년대의 대부분을 최범술崔凡述 스님의 주선으로 사천 다솔사多率寺에서 지내며 독립의지를 불태

운다. 다솔사에 머무는 동안 그는 해인사 사건에 연루되어 1941
년과 1942년에 경기도 경찰부와 경상남도 경찰부에 끌려가 장기
간 감방 신세를 지기도 한다.

　범부 가족들의 증언에 따르면 범부는 다솔사에 머무는 동안 수
시로 일제 형사들의 방문을 받았고, 그때마다 형사들은 마루에
올라 일단 큰절을 하고 안부를 물었다. 그런 다음에는 방의 구석
구석을 뒤지고 책장을 넘어뜨리고 그 뒤쪽을 살피기도 하고 나중
에는 범부를 포승으로 묶어 연행해갔으며 며칠씩 경찰서에 붙들
어두었다가 돌려보내곤 했다. 이 시기에 단기간으로 유치장 생활
을 한 곳은 사천경찰서, 하동경찰서, 진주경찰서 등이었다.

　해인사 사건과 관련하여 일제 경찰의 감방 신세를 진 이후에
범부는 거처를 동래로 옮긴다. 1945년 한낮에 해방의 소식을 들
은 것도 그곳에서였다. 그는 이내 동래와 부산 지역에서 곽상훈
郭尙勳, 김법린金法麟, 박희창朴熙昌, 오종식吳宗植, 이시목李時穆, 이기
주李基周 등 여러 인사들과 더불어 일오구락부一五俱樂部를 조직하
여 건국방책에 대해 논의하고 일련의 강좌를 열기도 했다. 이때
강좌를 위해 그가 준비한 짧은 원고가 「건국정치建國政治의 방략方
略」이었다.

　1960년대 초 군사정권 때, 좀 더 정확하게 말하면 1962년 전
반기 동안 당시 서울에서 활동하던 범부는 부산 동래에 내려와
칩거하면서 「건국정치建國政治의 성격性格」이란 제목으로 원고지
1700매 분량의 장편 원고를 '집필'하게 된다. 이렇게 준비된 원

고는 그의 생전에는 책으로 되어 나오지 못하고 오랜 시간 동안 원고 상태 그대로 보관되어오다가 나중에 범부 20주기를 맞아 출판되었다. 그 책이 바로 일부 도서관에 소장되어 있으며 지금도 전국의 헌책방에서 유통되고 있는『정치철학특강』(이문출판사, 1986)이다. 이 책이 세상에 나오는 과정에서 범부 평생의 제자였던 영남대학교 철학과 교수 이종후李鍾厚와 늘 그와 함께 움직이는 동지들의 공로가 컸던 것으로 알려져 있다. 이종후는 당시 범부선생유고간행회를 이끌고 있었다.

위에서 원고지 1700매 분량의 원고를 '집필'한 것으로 기술했지만 실은 범부 자신이 책상 앞에 앉아 원고의 전부를 집필한 것은 아닌 것으로 알려져 있다. 이 사실은 나의 이번 책의 기획 의도인 '풀어쓰기'와 관련이 있으므로 그 부분에 대해 약간의 설명을 보태기로 한다.

우선 1700매 분량의 원고는 이전 시기에 범부가 활용하던「건국정치建國政治의 방략方略」을 수정하고 보완하여 대폭적으로 확장한 것이었다. 그러니 원고의 내용은 해방정국에서 이미 구상되어 청중 앞에서 활용되면서 수정에 수정을 거듭해오던 것이었다. 그리고 원고의 일부는 범부 자신이 1960년대 초의 시점에서 직접 손으로 고치고 새로 집필하기도 한 것이고 나머지는 역시 그 시기에 나온 범부의 육성 녹음 테이프를 전사轉寫하여 만든 것이었다. 실은 범부는 1961년 2학기 동안 부산대학교에서 교수와 학생들로 구성된 청중 앞에서 일련의 정치철학 특강을 진행한 바가 있었는데 그것의 녹음 내용을 전사하여 원고로 만들기도 했던 것이다. 이 시기에 범부의 부산대학교 특강과 녹음 그리고 원고 준비과정 전반을 관리하고 지도한 사람은 당시 부산대학교 교수였던 박경일朴景逸이었고 전사 과정에 참여한 사람은 부산대학교의 조교 한 사람과 범부의 막내딸인 서울대 사학과와 대학원 출신의 김을영金乙英이었다. 범부는 그 당시 동래 온천장의 벽초관壁初館에 머물렀는데 조교와 을영이 원고 만드는 작업을 한 장소 역시 벽초관의 공간이었다.

내가 여기서 풀어쓰기 작업의 저본으로 삼는 것은 이런 과정을 거쳐 세상에 나온『정치철학특강』이다. 내가 이번 기회에 작업을 한 것은 이 책의 전부는 아니고「국민운동의 준비과제」에 한하는 것이다. 책의 나머지 부분인「공산주의 비판」역시 범부만이 할 수 있는 탁월한 발언이다. 그는 이 글에서 한국을 포함한 동아시아의 전통에 비추어 공산주의를 비판하고 그 정체를 밝히고 그 운명을 진단하고 있다. 어느 때 그 누군가의 손에서 이 문헌 역시 '풀어쓰기'의 작업을 거쳐 독자 앞에 나타나기를 바란다.

문헌의 내용

여기 풀어쓰기의 형태로 독자 앞에 내어놓는 범부의 '국민운동론'은 위에서 지적한 바와 같은 범부의 항일 이력과 신생 대한민국의 올바른 건설을 위한 충정에서 나온 것이다. 실로 그는 지난

한 과정을 거쳐 되찾은 나라를 튼튼한 반석 위에 올려놓고자 열망했다. 그 정신에서 나온 범부의 여러 제안은 시간과 더불어 퇴색한 일부분을 제외하면 지금도 유효하고 앞으로도 그럴 것이라고 생각한다.

범부는 새로 나라를 세우기 위한 거국적, 거족적인 국민운동에서 가장 핵심적인 요소로서 국민의 '자각'을 꼽는다. 그리고 모름지기 국민운동은 민족적 전통에 기반을 두고 건국기의 현실에 대응하여 전개되어야 한다는 점을 강조한다.

그리고 범부의 발언은 1960년대 초의 시점에서 개진되었으면서도, 그는 아직도 우리나라는 시기적으로 건국기에 처해 있다고 진단한다. 뿐만 아니라 당시를 나라가 망하던 끝이면서 동시에 건국 초기에 해당한다고도 한다. 실로 범부가 역사를 관찰하는 태도는 여느 다른 사람들과는 다른 점이 있다고 할 것이다. 범부의 특이한 관점을 잠시 살펴보기로 하자.

> 큰 혼란은 국말國末에 온다. 즉 나라가 망할 때, 나라가 멸망 직전에 왔을 때, 그때 반드시 큰 혼란이 오는 법이다. 그때는 모든 기강이 해이해지고 사람들의 사기가 떨어지고 현실은 절박해진다. 동서고금 할 것 없이 나라가 망할 때는 반드시 큰 혼란이 온다. 또 다른 큰 혼란은 국초國初에 온다. 즉 나라가 처음 성립될 때 혼란이 오는 것이다. 망할 때의 혼란이 모든 것이 해이해져서 오는 것이라면 국초는 모든 것이 아직 확정되지 않아서 오는 것이다.

그렇다면 우리의 현실은 지금 어디에 와 있는가? 실로 지금은 나라가 망하던 끝이라고 할 수 있다. 그것도 무슨 외적의 침략과 지배 밑에서 한 사십 년간 망해 지냈다는 정도를 말하는 것이 아니다. 사실은 이 나라가 망하기 시작한 것이 몇백 년은 된다고 할 것이다. 지금 우리 시대는 적어도 수백 년을 두고 망해오던 끝이라고 할 수 있다. 그 마지막에 사십 년 동안 국가 없이 남의 나라에 예속된 생활을 했던 것이다. 게다가 지금은 또 건국초기에 해당한다. 그래서 우리는 지금 국말과 국초의 혼란상을 동시에 통과하지 않으면 안 되는 처지에 놓여 있는 것이다.-「한국의 현실과 국민운동의 과제」 중에서

실로 범부의 안목은 유장하다고 할 것이다. 그는 이런 관점에서 나라의 난국을 극복하기 위해 국민운동을 제창한다. 많이 늦은 감이 있지만 우리 사회는 지금이라도 범부의 깊고 정치한 국민운동사상에 눈을 뜨고 현실 개척을 위한 적용에 힘써나갈 필요가 있다고 생각한다. 앞에서 잠시 언급한 이종후(영남대 교수, 한국철학회 회장 역임)는 범부의 삶과 사상을 기리면서 다음과 같은 말을 남기고 있다.

선생은 단순히 동방의 전통적인 사상과 학문(유가, 불가, 도가 등)의 전수자 내지 해석자만도 아니요, 더구나 서방의 사상과 학문의 해설자 내지 전달자도 아니었다. 선생은 실로 동서고금의 사

상사를 관통하여 스스로의 독자적인 융통투철한 사상적·학문적 경계를 개척한 창조적인 학자·사상가로서 현대란 세계사적 시대가 안고 있는 중대하고도 어려운 문제들을 철학적인 차원에서 근본적으로 해결할 수 있는 사상체계를 그 가슴과 머릿속에 진작부터 형성해 가지고 있었던 것이다. … 사실 선생 생전에 선생의 강석講席에 한 번이라도 참석할 기회를 가졌던 누구라도 선생의 강론과 풍모에서 그런 것을 느꼈을 것이다.-이종후, 「간행사」, 김범부, 『정치철학특강』(이문출판사, 1986) 중에서

이제 더 이상 지체할 겨를이 없다. 문헌에 대한 소개는 이 정도에서 마감하기로 하자. 독자는 범부를 직접 만나 그의 산고수장山高水長한 사상의 진면목을 음미하기 바란다.

1. 결단의 시간

 이제 국민운동의 이념과 실천방안에 대해 검토해보기로 하자. 국민운동이라고 하면 당연히 실천이 따라야 한다. 그리고 실천의 방안으로서 먼저 하나의 결정이 있어야 하고, 그 결정의 태도로서 결연한 확신이 있어야 하는 것이다.

 내가 왜 시작부터 이렇게 방법론을 두고 까다롭게 따지고 있느냐 하면 거기에는 그럴 만한 이유가 있다. 그것은 내가 현대라는 하나의 생리체生理體의 맥락을 짚고 있기 때문이다. 나 자신이나 청중 여러분은[1] 모름지기 현대인이라는 사실을 마음에 새길 필요가 있다. 그런데 이와 같이 우리 모두가 현대인이란 사실을 자인하고 나면 거기에 그리 쉽사리 넘겨버릴 수 없는 하나의 문제가 개재해 있는 것을 알게 된다. 그것은 다름이 아니라 현대인은 장점이 있는 동시에 단점도 있다는 것이다. 이 점을 깊이 성찰하

---

1) 이 글 전체의 문맥과 여기서 보는 '여러분'과 같은 표현은 이 글이 강의안에 기초하고 있음을 말해준다.

지 않으면 우리는 자신도 모르는 사이에 현대에 대한 우상숭배자로 전락하고 말게 된다. 이것은 우리가 경계해야 할 함정임에 틀림이 없다.

그런데 이제 내가 말하고자 하는 것은 원래는 장점이라고 해야 할 것이다. 하지만 우리가 기억할 것은 도대체 인간사에 절대적 장점이란 것은 처음부터 없는 것이다. 말하자면 하나의 장점에는 으레 단점이 따르기 쉬운 법이고 경우에 따라 장점이 단점으로 바뀔 수도 있다. 또 어느 시기에 장점 노릇을 하다가 다른 시기에 가서는 그만 단점이 되기도 한다.

그것은 그렇다고 해두고, 현대정신의 특징으로서 하나의 뚜렷한 흐름이 있다는 점을 간과할 수 없다. 그것은 다름이 아니라 회의懷疑의 경향이라고 할까 회의의 습관과 같은 것이다. 이 회의의 경향이란 알고 보면 현대문명의 산모産母 노릇을 하는 요소로서 거기에는 으레 해산의 고통과 재액災厄까지도 함께 따라오는 것이다. 그것은 어느 시대나 마찬가지일 터이지만 특히 시대의 전환기에는 반드시 회의란 괴물이 득세를 하는 법이다. 이 괴물은 스스로 자취를 감추는 날까지 한 시대의 주인공 노릇을 톡톡히 하고야 만다.

현대문명의 요람인 르네상스 정신만 해도 그렇다. 그것은 원래 중세정신에 대한 회의와 불만에서 출발한 것인데 마침내 고대문명의 부흥으로 이어졌던 것이다. 그중에서도 현대 과학정신은 르네상스의 맏자식 격으로서 현대정신의 중추신경이 되어 있다. 그리고 이 과학정신이란 언제 어디서나 최종의 해답이 나올 때까지 회의로써 추궁하게 마련이다. 이것은 과학적 태도로서 당연한 것이다.

그런데 여기 자못 쉽지 않은 문제가 하나 걸려 있다. 그것은 과학정신의 한 요건으로서 회의의 태도 자체는 어디까지나 건전한 요소로 볼 수 있으나 그것이 하나의 습관으로 굳어지는 때는 그만 병이 되고 만다는 것이다.

유럽의 어느 학자의 말이 어렴풋이 생각난다. 그는 현대 유럽의 경향을 개탄하면서 다음과 같은 취지로 말한 것으로 기억된다. 그 대강을 옮겨보면 다음과 같다.

오늘날 유럽의 지도자라고 하는 사람들은 흔히 전통이나 문화의 계승과 같은 지난날의 권위와 관계 있는 사항에 대해서는 불신이 팽배한 분위기에서 자라났다. 그랬기 때문에 그들은 오로지 의심하고 또 의심하는 태도를 견지하면서 어떤 결론도 내지 않고 어떤 결정에도 도달하지 않는 것을 능사로 여기고 있다. 이를 테면 대학교수나 문필가들은 어언 몇 세대를 지나오면서 회의주의의 방법을 마치 교양인의 표지인 양 가르치고 배워온 것이다. 이런 태도는 얼른 보면 온당하게 보이는 면이 있다. 그러나 깊이 들여다보면 그 부정적인 영향이 결코 만만치 않다. 실은 그들의 회의적인 말과 글은 현대인의 방황, 무절제, 탈선, 상식을 벗어난 행동, 폭력 등에 대한 지적 기반을 제공한 셈이 되는 것이다.

실은 현대에만 이런 혼란상이 있는 것은 아니다. 어느 전환기에나 혼란은 있게 마련이다. 전환의 정도에 따라 그만큼의 회의, 불안, 절망이 있고 그만큼의 혼란이 따르는 것이다.

어쨌든 위에서 인용한 학자는 유럽의 지식인을 대상으로 삼았지만 발언의 내용인즉 실상 전 세계의 지식인이 그 대상이 되어 마땅한 것이다. 왜냐하면 지역적으로 어디라고 할 것 없이 현대의 대세는 이미 유럽의 문화가 주도하고 있는 것이 사실이기 때문이다.

현대의 지식인은 도대체 회의적이다. 이것은 현대의 전반적인 경향을 말하는 것이며 딱히 회의주의자만을 지칭하는 것은 아니다. 또 현대의 위기를 특히 주목하고 문제시하는 초시대적 선각자를 두고 하는 말은 더욱 아니다. 동서를 불문하고 현대의 지식인은 일반적으로 회의적이란 말을 하고 있는 것뿐이다. 말하자면 이런 태도는 전혀 특별한 것이 아니고 지식인의 문화적 태도 정도로 치부되는 것이 현실이다. 그런데 여기서 주목할 점은 이와 같은 회의의 기풍이 남기는 폐단이 이만저만이 아니라는 것이다. 위에서 인용한 유럽 학자의 관찰이 과연 정확하다는 것을 인정하지 않을 수 없다.

그런데 문제가 있다. 그것이 무엇이냐 하면 회의란 분명히 하나의 괴물 그것도 음울한 괴물임에 틀림이 없다는 것이다. 이 괴물의 계보를 따진다면 스핑크스의 전설이 우선 떠오른다. 스핑크스는 좀체 풀 수 없는 수수께끼를 던진다. 수수께끼에 걸린 사람이 그것을 풀지 못할 때는 그 사람을 죽여버린다. 수수께끼에 걸린 사람이 그것을 풀게 되는 때는 스핑크스 자신이 죽어버린다. 회의란 바로 스핑크스와 같은 존재이다. 사람이 회의를 풀어버릴 때 그것은 자취도 없이 사라지지만 풀지 못할 때 사람은 꼼짝없이 그것의 포로나 먹이가 된다.

실로 현대인 특히 지식인은 회의의 포로가 되어 있는 것이 사실이다. 현대의 신경 자체가 대체로 회의증에 걸려 있는 것이 일반적인 경향이다. 그런데 사람이 회의의 포로가 되거나 먹이가 되는 것은 처음부터 그가 바라는 바도 아니며 자랑도 아니다. 그러면 도대체 이것을 어떻게 처리하느냐 하는 것이 과제로 떠오른다. 그래서 나 같은 사람도 일찍이 이런 문제를 두고 제법 고심한 적도 있다. 그래서 의문검정법疑問檢整法이란 방법론을 개발하여 연역법, 귀납법, 혹은 변증법 등에 대한 보완책으로 준비한 적이 있다. 이 자리에서 그것을 자세하게 소개할 겨를은 없는 것 같고 아마 시간이 조금 지난 후에 공개할 기회가 있을 것이다. 그건 그렇다 해두고 도대체 이 회의의 경향에 대해 어떤 태도를 취하는 것이 올바른 길이 될 것인가?

그런데 현대인에게 회의란 것이 아무리 신산하고 불길한 것이라 해도 정돈된 이성의 승인이 있기 전에는 그것을 벗어날 길도 없고 폐기하기도 어렵다. 그러고 보면 어느 시기까지는 회의의 지위를 그대로 유지시키는 수밖에 다른 길이 없어 보이기도 한다. 그러나 회의란 원래 사람이 원하는 바가 아니기 때문에 언제까지나 그것의 포로 신세가 되어 마냥 지낼 수는 없는 것이다.

회의란 처음은 사람이 확신을 구하기 위해 나선 고된 여정의 결과라고 할 수 있다. 그 목적은 결국은 사람이 바라는 조건에서 탈 없이 편안하게 살고자 하는 것이다. 험한 풍파에 시달리며 몸부림치며 현기증과 구토를 일으키는 데 목적이 있는 것은 아닐 것이다. 그러므로 회의를 위한 회의란 처음부터 의미가 없다. 사람이 꼭 의심할 것을 의심하는 것은 꼭 믿지 않으면 안 되는 그 믿음을 구하는 데 뜻이 있다. 그래서 사람은 모름지기 현대가 부과하는 짐의 일면인 회의의 지위도 유지시키면서 동시에 결정할 사항은 과감하게 결정하는 정신의 건강과 지혜를 확고하게 지켜야 한다. 회의의 먹이나 포로가 되어서는 안 된다. 다시금 정신을 추슬러 그것을 가련한 길동무쯤으로 삼을 수 있는 복안을 마련해야 한다. 이 운명적인 세기의 길동무를 아예 모른다 하고 무시할 형편은 결코 아니다. 사람은 모름지기 이 두 입장 사이에 놓인 경계선을 명확하게 인식할 필요가 있다. 그래서 새로운 세기를 전망하면서 현실에 대한 가차 없이 정확한 결정을 통해 확신 있는 전진을 해나가지 않으면 안 된다.

지금의 현실은 회색의 공기에 취해 지껄이는 잠꼬대 따위를 경청할 여유를 허락하지 않는다. 그것은 그냥 절박 여부가 아니라 꼭 넋두리며 몸부림인 것이다. 이 현실을 과연 어찌할 것인가? 이렇게도 막다른 길에서 그저 앉아서 죽음을 맞이할 것인가? 아니면 하나의 결정을 내릴 것인가? 엄중한 현실 앞에서 큰 각오로 다져진 중대 결단을 내리는 것이 마땅하지 않겠는가?

지금까지 해온 얘기는 다른 것이 아니다. 그것은 회의와 결정을 둘러싼 태도에 관한 것이다. 이제 이것을 국민운동이라고 하는 절체절명의 과제에 대입해보기로 하자. 그러면 강의를 하는 나 자신이나 듣는 청중이나 다 함께 이 과제에 대한 태도를 먼저 결정하고 보는 것이 중요하다고 할 것이다.[2] 그것은 다름이 아니다. 평소의 강의 환경에서는 하는 쪽이나 듣는 쪽이 언제 어디서나 회의적 태도로 임하는 것이 올바르다고 할 것이다. 그것은 가장 정확하다고 인정되는 결론에 도달하기 위해 엄격한 사고와 논리가 적용될 필요가 있기 때문이다. 그런 경우에 회의가 계속되면 될수록 학문적으로는 오히려 더 큰 의의를 가지는 것으로 여겨질 것이다. 이것은 오직 설명만 요구되는 학문하기에서는 당연한 태도라고 할 것이다.

그런데 지금 우리 앞에 놓인 것은 국민운동이라고 하는 과제이다. 이와 같은 과제는 평소의 강의와는 성격이 다르다는 점을 이해할 필요가 있다. 평소의 강의 환경에서는 설명의 완벽성이 중요하다. 반면 국민운동과 같은 과제는 설명의 완벽성보다는 실천을 요구하게 된다. 다시 말하면 이것은 '무엇'의 문제라기보다 '어떻게'의 문제인 것이다. 또는 '이렇게'의 문제라고도 볼 수 있

---

2) 이런 표현은 이 글이 지은이의 강의안에 기초하고 있다는 것을 다시 한 번 확인해준다.

을 것이다. '어떻게'라고 했을 때는 이미 '주먹을 쥐고' 있는 것이다. 그냥 두 팔을 끼고 '뭣이냐' 하는 것과는 다르다. 더욱이 '이렇게'라고 하면 이미 달음박질이 시작되고 있음을 뜻한다.

　이제 우리는 달음박질을 하기로 결정할 필요가 있다. '무엇'과 '어떻게'의 단계를 지나 '이렇게'의 임무가 눈앞에 펼쳐지고 있다. 다시 한 번 강조하는 것은 우리의 태도는 '설명을 위한 회의'가 아니며 '결정을 위한 선택'이라는 것이다. 국민운동은 더 이상 회의를 요구하지 않는다. 그것은 결정을 요구한다. 그래서 나나 여러분이나 같은 목표를 향해 약속을 하기로 하자. 우리 사회는 지금 생사존망이 걸린 난국에 처해 있다. 그것은 그야말로 비통한 결의를 요구하는 것이다.

2. 국민운동의 사례

국민운동이 무엇을 의미하는가에 대한 자세한 설명은 따로 하지 않기로 한다. 국민운동이란 말 그대로 국민운동이라고 이해하면 그만일 것이다. 다만 여기서는 국민운동의 윤곽과 성격에 대해 약간의 설명이 필요할 것이라고 생각한다.

국민운동은 어느 특정 단체의 운동이 아니다. 행정부가 법령에 따라 하는 것도 아니다. 어느 특정 계급이나 부류에 한정된 것도 아니다. 국민운동은 거국적이며 거족적인 것이 되지 않으면 안 된다는 점을 이해할 필요가 있다. 그리고 국민운동은 한마디로 자각운동이다. 반드시 국민의 자각이 따라야 한다.

그리고 앞에서 강조한 것처럼 이것은 실천을 전제로 하는 것이기 때문에 먼저 결정의 태도가 요구된다. 한편 사람의 욕심대로라면 국민운동학國民運動學 쯤으로 불러볼 수 있는 학문 영역이 확립되어 있어서 뜻이 있는 일꾼들이 그것을 배우고 익힌 다음에 실천의 마당으로 나아가는 것이 정도가 아닐까 하는 생각도 해보게 된다. 왜냐하면 국민운동이란 것이 그냥 한다고 되는 것이 아니기 때문이다. 도무지 주먹구구식으로 되는 일이 아니라는 말이다.

사실 국민운동은 과제 자체의 무게는 굉장한 것이다. 특히 우리나라와 같은 신생국의 경우는 더욱 그러하다고 할 수 있다. 한편 그와 같은 무게감에 비해 의외로 관련 문헌이 적은 것이 특징이다. 체계적인 이론이 보이지 않고 이렇다 할 자료도 구해보기 어렵다. 이런 상황에서 궁여지책으로 택하게 되는 것이 선행의 사례를 들추어보는 것이다.

국민운동의 사례는 세계의 여러 나라에서 발견된다. 인도에도 있고 독일과 덴마크에도 있다. 사례는 또 다른 나라에도 있지만 특히 이 세 나라의 경험은 각기 서로 다른 특색을 드러내고 있기 때문에 우리에게 참고가 되고 길잡이가 될 것이라고 생각한다.

인도의 국민운동

그럼 인도 얘기부터 해보기로 하자. 인도의 국민운동이라면 간디를 빼놓을 수 없다. 실로 간디를 빼고 인도의 국민운동을 설명한다는 것은 처음부터 말이 되지 않는다. 그것은 간디의 국민운동이자 국민운동의 간디라고 할 수 있을 것이기 때문이다. 그만큼 둘은 서로 떼려야 뗄 수 없는 관계라고 할 수 있다.

간디가 전개한 인도 국민운동의 큰 틀은 이렇다. 간디는 국민회의란 것을 조직한다. 그것을 기반으로 국민운동을 전개하게 되는데 그것은 인도의 해방운동인 동시에 반영운동反英運動이었다. 당시 인도는 영국의 압제 밑에 놓여 있었으므로 국민운동의 성격이 해방운동이자 반영운동으로 되는 것은 자연스러운 일이었다. 그런데 간디 이전에 반영해방운동이 없었던 것은 아니다. 그러나 이 운동은 간디를 만나 그 전개 방식이 획기적으로 바뀌게 된다. 간디 이전의 운동은 사실 감히 국민운동이라고 할 수 있는 것이 아니었다. 그것은 소수의 열렬한 지사나 비분강개하는 애국자의 몫이었다. 그들은 비밀단체를 만들어 활동하기도 했다. 그들의 활동은 대개 영국인 요인을 암살하고 잡혀서 죽는 그런 식이었다.

간디는 우선 다수의 운동가를 양성할 필요성이 있다고 보았다. 그런데 그렇게 하기에 국내는 사정이 불리하다고 판단하고 남아프리카로 건너가게 된다. 이렇게 시작된 해외 기지에서의 활동도 시간의 흐름 속에서 다시 한 번 반전을 맞게 된다. 민족해방운동은 역시 국민 속에 들어가서 전개하지 않으면 안 된다는 깨달음이 온 것이다. 이에 간디는 고국으로 돌아오게 된다.

고국에 돌아온 간디는 여전히 운동의 전개 방식을 두고 고민하게 된다. 그래서 그는 산에 들어가 한동안 수행을 한다. 책을 읽고 명상을 하고 기도도 하면서 지낸다. 그러는 가운데 간디의 눈에 들어온 것이 『바가바드기타』였다. 이 인도의 고대 경전은 전쟁과 관련을 가지는 것이었다. 간디는 이 경전을 탐독하게 되고 거기서 크나큰 진리를 깨우치게 된다. 이때 간디가 주목한 것이 사티아그라 하였다. 그것은 직역하면 진리파지眞理把持라고 하는 것이다. 간디 의 생각은 인도의 해방운동을 전개함에 있어서 외국에서 유입된 사상이나 구호는 적합하지 않으며 인도인이 전통적으로 숭상해온 그것이어야 효력을 발휘한다는 것이었다. 사티아그라하를 확신하 는 데서 나온 것이 스와라지라고 하는 슬로건이었다. 동시에 그것 은 하나의 모토였다. 스와라지, 이것은 그 뜻이 매우 미묘하다. '무 저항의 저항'이라고 해야 할까, '타협적인 비타협'이라고 해야 할 까, 참으로 절묘하고 애매하기도 한 태도이다.

간디는 어떻게 스와라지의 태도를 전술의 방편으로 채택하게 되었는가? 그것은 만약 적에게 직접적인 공격을 하게 되면 목숨 을 내놓는 사태를 불러오게 되고 그렇게 되면 소수의 애국지사 말고는 참여의 폭이 줄어드는 결과에 이른다는 점을 고려한 데서 나온 것이다. 또한 이런 점도 계산에 들어갔다. 애국자 몇 사람이 죽고 나면 일은 그만이 되고 그것은 바로 선배들이 택했던 자기 한 몸을 불사르는 그 길밖에 더 될 것이 없는 것이었다. 그리고 일반국민이 다 죽기를 원하는 그런 일은 감히 기대할 수 없는 것 이었다.

이제 간디의 주된 관심은 어떻게 하면 전 국민이 함께 할 수 있 는 운동을 이끌어내느냐 하는 데 있었다. 그리고 장기적으로 계 속할 수 있는 운동 형태를 고민했던 것이다. 당시 간디는 십 년 이십 년 후에 인도가 독립할 수 있을 것이라고 감히 기대하지 않았다. 그러니 일반 국민이 전반적으로 모험을 꺼리는 마당에 어떻게 하면 그들 모두가 큰 부담을 느끼지 않고 기꺼이 참여할 수 있는 운동 형태를 개발해내느냐 하는 것이 급선무였다.

거기서 나온 것이 폭력투쟁의 포기였다. 영국 관헌을 향해 무기를 드는 행위를 그만두는 것이었다. 그 대신 식민주의자들이 펴는 마땅치 않은 정책 앞에서 인도 국민은 간디의 뒤를 따라 철길 위에 드러눕기도 하고 간디가 검거되어 구속이 되는 때는 으레 다 함께 단식으로 응수하는 것이었다. 무저항의 저항이라고 할까, 그런 것을 전개했던 것인데 영국의 관헌은 그 앞에서 속절없이 무력화되어갔다. 무기 한 자루 들지 않고 욕 한 마디 던지는 일이 없는 군중을 힘의 논리로써 제압할 도리가 없었던 것이다.

이렇게 해서 국민운동은 힘을 받기 시작하여 그 세가 크게 신장되었다. 간디의 전략과 전술은 가히 책략가의 수준이었다. (사실 간디에게 이런 표현을 사용하는 것은 실례되는 점이 있다.) 다수 국민이 참여하는 간디식 국민운동에는 또한 이런 복심도 저변에 깔려 있었다. 당시 인도가 영국의 최대 해외 시장이고 보면 전인도 국민이 영국의 상품과 화폐를 배척하게 되는 날이 온다면 그것은 영국에게 가장 큰 위협이 될 것이었다.

영국의 사상가 토마스 칼라일(Thomas Carlyle, 1795~1881)이 유명한 말을 남겼는데 거기에 영국경제에서 인도가 차지하는 비중을 짐작하게 하는 대목이 나온다.

영국이 가진 아주 큰 보배가 두 가지 있다. 그 하나는 셰익스피어이며 다른 하나는 인도다. 인도는 우리 경제를 지탱해주고 있으며 셰익스피어는 우리 문화를 지탱해준다. 그런데 만약 둘 가운데 하나를 포기해야 한다면 나로서는 인도를 포기할 것이다. 셰익스피어를 포기할 수는 없다.

이것은 물론 영국의 자존심인 셰익스피어를 치켜세우기 위해 한 말이다. 그러나 그 이면을 들여다보면 영국경제에서 인도가 차지하는 엄청난 비중을 실토한 말이기도 하다. 그러니 영국 사람들로서는 전 인도인이 영국의 상품과 화폐를 거부하는 사태에 대한 공포심이 심리의 밑바닥에 깔려 있었을 것이다. 그런데 노련한 간디는 영국 상품이나 화폐 배척 따위의 말은 입 밖에도 내지 않았다. 만약 그랬더라면 그는 곧바로 투옥되었을 것이며 그가 지도하는 운동은 큰 타격을 받게 되었을 것이다.

그 대신 간디는 이런 취지의 말을 했다.

결코 영국 사람들이 우리를 정복한 것이 아니다. 우리를 정복한 것은 유럽의 잘못된 문명이다. 그러니 우리는 영국 사람들을 향해 이러쿵저러쿵 하지 않을 것이다. 다만 잘못된 문명에 대해서만 발언할 것이다. 우리는 그것이 잘못된 것인 줄 알면서도 순순히 따를 수는 없다. 그러니 우리는 무엇보다 잘못된 문명의 산물에 해당하는 것을 사용하지 않기로 하자. 모든 사치품은 일절 구입을 삼가자. 우리는 다만 우리 조상들의 방식대로 베틀에서 베를 짜 옷을 지어 입기로 하자.

간디는 심지어 이런 취지의 발언도 서슴지 않았다.

병원에 가지 말자. 유럽에서 생긴 의학을 어떻게 신뢰하잔 말인가? 그리고 의학 이외의 다른 모든 수입 기술이란 것도 대수롭게 여길 필요가 없다.

그래서 간디가 이끄는 국민회의 회원들은 인도 고유의 처방에 따라 약을 지어 먹었으며 영국 약을 먹지 않았다. 그 결과가 어떻게 되었는가? 그것은 물어보지 않아도 자명한 것이었다. 영국 상품과 화폐 배척이라는 표현 한마디 없이 바라는 바 목적을 간단하게 손에 쥐게 되었던 것이다.

간디 이야기를 하나 더 하고 넘어가기로 하자. 인도에 시크라고 하는 종족이 있는데 주로 사냥을 해서 먹고 산다. 이 종족의 구성원들은 평소에 장도칼을 하나씩 차고 다닌다. 한 번은 그 구성원 한 사람이 이슬람교도에게 맞아 죽었는데 이에 맞서 시크 종족이 다 들고 일어나 이슬람교도들을 마구 살상했다. 시체가 사방에 널브러지고 피가 넘쳐흘렀다. 일이 이렇게 되었을 때 대표 한 사람이 간디에게 와서 아무도 싸움을 말릴 수가 없으니 도움을 달라고 청했다. 그것은 참으로 어려운 과제였다. 시크 사람들과 이슬람 사람들이 싸우는데 거기 과연 무슨 묘책이 있을 수 있었겠는가?

드디어 간디가 현장에 나타났다. 그는 아무 말도 없이 그대로 털썩 땅바닥에 주저앉았다. 송장이 쌓여 있고 피가 낭자한 가운데 거리낌 없이 자리를 잡고 앉았다. 그렇게 하고는 다른 행동이 없었다. 그는 그저 가만히 있었다. 그러자 사람들이 다가가 "선생님, 어떻게 하시려는 겁니까?" 하고 물었다. 이에 간디는 옆에 죽은 사람들을 가리키면서 "응, 나는 여기 죽은 사람들하고 같이 갈 것이네."라고 대답했다. 그리고 여러 날 동안 단식을 하면서 그 자리를 떠나지 않았다.

사람들이 간디에게 다가와 식사를 권했다. 여러 번 그렇게 해도 간디는 듣지 않았다. 그들은 다급해졌다. 그래서 다시 간디에게 물었다. "선생님, 저희들이 어떻게 하면 식사를 하시겠습니까?" 이에 간디의 대답은 이런 것이었다. "글쎄, 싸움이 끝나야 할 것 아닌가? 그렇게만 된다면 나는 당장 먹을 것이네." 간디를 당할 사람은 아무도 없었다. 살기등등하던 싸움꾼들이 모두 고개를 숙이고 물러났다. 그런 큰 싸움은 재치나 꾀를 가지고 말려지는 것이 아니다. 이것은 간디의 덕과 아량을 말해주는 이야기이다.

한 삼십 년 전에[3] 어떤 일본 사람이 쓴 기행문을 읽은 적이 있다. 이 사람이 영국을 여행하면서 버트란드 러셀(Bertrand Russell,

---

3) 이 강의안은 1962년에 준비된 것으로 알려져 있다. 그러니 지은이는 지금 1930년대의 개인적 독서경험을 회상하고 있다.

1872~1970)을 만났다. 그는 러셀에게 "선생님께서는 지금 살아 있는 사람 중에서 세계에서 가장 위대한 사람이 누구라고 생각하십니까?" 하고 물었다. 이에 러셀의 대답은 첫째 마하트마 간디, 둘째 알버트 아인슈타인(Albert Einstein, 1879~1955)이라는 것이었다. 그로부터 꽤 여러 해가 지난 뒤 같은 여행자는 다시 러셀을 만나게 되었다. 그때도 그는 러셀에게 같은 질문을 던졌다. 러셀의 대답 역시 이전과 같았다. 러셀이 시사하는 것은 다른 것이 아니다. 간디와 아인슈타인은 역사를 창조하는 사람들이라는 것이다. 아무리 위대하다고 해도 역사를 깎아먹는 사람이 있다. 역사에 근근이 순응하는 사람도 있다. 간디와 아인슈타인은 이들과 달리 창조의 길을 간 사람들이라는 것이다. 과연 러셀은 러셀이다. 위인을 보는 시각이 그렇고 보니 그야말로 그럴듯하게 들린다.

간디의 죽음과 관련한 이야기도 예사롭지 않다. 국민회의 집회장에서 한 청년이 쏜 총에 맞아 쓰러지면서 그는 이마에 손을 얹었다. 그것은 "나를 해치는 사람의 죄를 묻지 말라."는 뜻이었다. 이제 간디의 국민운동에서 특히 눈여겨보아야 할 점은 무엇일까? 그것은 다름 아닌 그의 덕망이다. 운동의 원리, 강령, 정책, 그런 것보다 간디라고 하는 인물이 온몸으로 뿜어내는 인격의 힘이 참으로 위대했던 것이다.

독일의 국민운동

국민운동의 또 다른 하나의 유형을 소개하려고 한다. 이것은 잘된 사례이기보다 잘못된 사례에 속한다. 독일의 히틀러가 주도한 운동이 바로 그것이다. 히틀러의 운동은 잘못된 운동이었고 실패한 운동이었다. 그리고 히틀러가 실패한 것은 무엇보다 사관史觀의 잘못 때문이었다. 이미 역사적 대세로서 제국주의가 퇴장을 하고 있는 마당에 히틀러는 그것의 존속을 믿었던 것이다. 여기에 결정적인 착오가 있었다.

그리고 히틀러가 주창한 제국주의는 그 이전의 것과 성격이 다른 점이 있었다. 예를 들면 영국의 제국주의는 남을 정복하는 데 뜻이 있는 것이 아니라고 했다. 그것보다 미개인을 문명화하는 데 뜻이 있다고 표방했던 것이다. 반면에 히틀러는 우월한 민족이 열등한 민족을 지배하는 것은 당연하다고 보았다. 실로 이것이 히틀러식 제국주의의 특색이라고 볼 수 있다. 영국과 독일의 제국주의는 둘 다 수긍하기 어려운 것이지만 이처럼 서로 다른 태도를 지니고 있었던 것이다.

영국 제국주의가 말하는 문명인이란 영국인을 포함하여 유럽인을 지칭하는 것이었다. 미개인이란 유색인이었다. 그러니 영국 제국주의는 유럽인에게 위협이 되는 것은 아니었다. 유럽 바깥의 여러 나라에 위협이 되는 존재였을 뿐이다. 반면 히틀러가 말하는 우월한 민족이란 독일민족을 지칭하는 것이었다. 이 틀에서는 독일민족이 아닌 다른 모든 민족은 열등 민족이 되는 것이었다.

그러니 히틀러 앞에서는 주변의 여러 나라가 다 위협을 받아야 했다. 히틀러식 제국주의야말로 참으로 무모한 것이었다.

독일 제국주의의 운명을 재촉하고 그것의 붕괴를 가져오는 데 히틀러 자신이 기여했다고 볼 수 있는 면이 있다. 히틀러가 아니고 다른 보다 사려 깊은 정치가가 나섰더라면 아마도 독일 제국주의는 그렇게까지 빨리 붕괴되지는 않았을 것이다. 히틀러는 역사의 대세를 잘못 읽어도 한참이나 잘못 읽었던 것이다.

히틀러가 독일 국민을 지도할 때 활용한 주장과 철학이란 그다지 깊이 있는 것이 아니었다. 민족지상 또는 국가지상이라고 하는 표어 한마디 속에 히틀러 철학의 전부가 들어 있었다고 보면 된다. 민족지상이란 무엇인가? 그것은 독일민족이 최고 지위에 있다는 것을 뜻한다. 국가지상이란 무엇인가? 그것은 국가라고 하는 전체 앞에 개인은 없다는 의미이다. 이 틀에서 보면 국제주의, 세계주의, 또는 개인주의와 같은 것은 일체 배격되는 것이다.

그러니 히틀러는 민족지상 또는 국가지상에 위배되는 일체의 것을 증오했다. 히틀러가 공산주의와 자본주의를 미워하게 된 것은 당연한 수순이었다. 그들은 계급지상이거나 개인지상이기 때문이었다.

히틀러가 유대인을 증오하여 그들을 추방하고 학살한 데는 히틀러 나름의 그럴 만한 이유가 있었다. 유대인이 공산주의를 창시하고 자본주의도 주도한다는 것이었다. 그리고 독일의 공산주의자도 유대 계통이 많고 자본가 역시 유대 계통이 많다는 것이었다. 그러니 유대인이야말로 민족지상, 국가지상 정신에 방해가 되는 존재라는 주장이었다.

그런데 미묘한 사태가 전개되었다. 후일 독일은 유대인들의 손에서 응징을 받게 된다. 독일이 유대인을 추방하고 보니 그들이 향한 곳은 미국과 소련이었다. 유대인들은 새로운 삶의 터전이 된 미국과 소련에 원자탄을 만드는 고급 기술을 제공하게 된다. 그러고 보면 히틀러는 속기만 한 사람이다. 히틀러의 행태에는 그만큼 많은 혼란과 오류가 있었던 것이다.

한편 들리는 소문으로는 오늘날까지 일부 독일인에게 히틀러는 여전히 추모의 대상이 되고 있다 한다. 다른 것은 다 잘못된 것이라고 인정하면서도 히틀러 유겐트라고 하는 청년조직의 위력만은 아직도 그들의 마음속에 살아 있다는 것이다. 이런 말도 전해져온다. 히틀러가 임종에 즈음하여 다음과 같은 말을 남겼다는 것이다.

모든 것은 내가 잘못했다. 하지만 히틀러 유겐트만은 몇 해 더 양성했더라면 좋았을 것이다.

히틀러의 국민운동은 그 철학이 잘못된 것이었다. 정책도 실패할 수밖에 없는 것이었다. 그러므로 여기서 히틀러를 소개하는 것은 그 대단한 국민동원 능력에도 불구하고 하나의 부정적인 사례로서 그렇게 해두는 것뿐이다.

덴마크의 국민운동

이제 덴마크의 국민운동 사례를 소개할 차례이다. 덴마크의 그 것 역시 특색을 가지고 있다. 인도나 독일과는 많이 다르다. 덴마 크의 국민운동이야말로 전형적으로 국민자각운동이었다. 덴마크 는 북유럽의 작은 나라로서 국토의 면적이 겨우 43,069평방킬로 미터, 인구는 한 삼백만 명쯤 된다.[4] 기후는 습기가 많고 산 같은 산이 없다. 국토가 하나의 모래벌판으로 되어 있어 비옥하고 풍 요롭다는 느낌보다 오히려 황량하다는 느낌을 준다. 이런 악조건 에도 불구하고 덴마크는 지금 세계에서 가장 앞서가는 농업국가 로서 가난을 모르는 나라가 되었으니 저간의 소식이 자못 궁금하 다. 덴마크는 지금부터 한 육십 년 전만 해도 매우 어려운 처지에 있었다는 것을 기억할 필요가 있다. 그동안에 덴마크에서는 과연 무슨 일이 일어났던 것일까?

혹시 어떤 사람들은 그동안에 덴마크에서 일어난 획기적인 일 로서 축산업의 발전, 공동낙농조합, 달걀수출조합, 우유기록조합, 토지이용의 전환 등을 들 것이다. 물론 이런 접근은 합리적이고 예거된 하나하나의 사업은 분명 덴마크를 살려내는 데 결정적인 기여를 했을 것이다. 그런데 여기 하나의 의문이 제기된다. 그렇 다면 다른 어디서라도 같은 사업들을 펼치기만 하면 같은 결과가 나올 것인가? 이것에 대한 대답은 다분히 애매할 수밖에 없다.

---

4) 이 글이 생산된 1962년 당시의 덴마크 인구를 가리킨다.

덴마크의 국민운동에서 특히 주목하게 되는 것은 사람의 요소이다. 그 모든 제도와 조직을 움직이는 사람의 요소에 무엇인가 특별한 것이 있지 않았을까 하는 것이다. 그리고 덴마크 사람들을 움직인 정신 속에 무언가 특별한 것이 있지 않았을까 하는 것이다. 자세히 알고 보면 과연 그렇다. 덴마크 국민운동에는 분명 사람의 요소가 작용했고 정신의 요소가 개입되어 있었다. 그것은 한마디로 덴마크인들의 자각된 정신이었다. 그들은 국가현실을 제대로 파악했고 그것에 적합한 실천원리를 수립했다.

그렇다면 덴마크 국민을 혼연일체 하나로 묶어준 대자각운동의 배경에는 과연 누가 있었는가? 그것은 다름 아닌 그룬트비(Nikolai Fredrik Severin Grundtvig, 1783~1872)였다. 그는 시대의 사명을 띠고 태어난 위대한 인물이었다. 그는 다음과 같은 취지의 말을 남겼다.

진실로 건전한 국가를 건설하려면 먼저 진정한 국민을 만들어야 한다.

이것은 그룬트비의 신념을 잘 나타내고 있는 말이다. 그룬트비는 또한 사람은 자기 자신을 알아야 한다고 했다. 이 말은 관념적으로 막연하게 자아를 모색해야 한다는 따위를 뜻하지 않았다. 사람은 모름지기 자기 나라의 현실을 바르게 이해하고 그 속에서 국민으로서 자신의 위치를 파악해야 한다는 의미였던 것이다. 그래서 나라와 국민이 하나로 화합하여 확신과 희망과 기쁨을 가지고 전진해야 한다는 주장이었다.

이와 같은 정신에서 그룬트비는 간부 양성을 위한 교육사업에 진력했다. 그것의 일환으로 그룬트비의 창의적인 교육정신이 여지없이 투영되어 세상에 드러난 결정체가 바로 국민고등학교였다. 그러면 국민고등학교란 대체 어떤 곳이었는가? 국민고등학교의 일반적인 사항에 대해서는 이미 국내에 알려진 바가 있고 관련된 책도 시중에 나와 있는 것으로 알고 있다. 그러니 이 자리에서는 그와 같은 일반 사항은 비켜가기로 하고 내가 평소에 관심을 가져온 보다 근본적인 사항에 대해 집중적으로 조명해보려고 한다.

덴마크가 경제적인 위기를 극복하고 오늘의 복지국가를 이룩한 데는 교육의 힘이 컸다. 특히 창의적이고 특수한 국민교육의 영향이 결정적이었다. 거기서 길러진 정신이 덴마크형 국민운동의 원동력이 되었던 것이다. 국민고등학교를 기반으로 하는 덴마크형 국민교육의 핵심은 실로 기술에 있지 않고 인성에 있었다는 점을 주목할 필요가 있다. 이것은 놀라운 일이었다. 아름다운 인간, 건전한 인간성을 길러내는 것이 교육의 주안점이었던 것이다.

그룬트비는 철저히 실사구시적이었다. 그는 외국의 교육제도를 무작정 도입하여 일을 도모하려고 하지 않았다. 관념론적인 접근을 철저히 배격했다. 민족개조니 도의진작이니 따위의 공허한 주장을 하지 않았다. 참으로 덴마크의 현실에 기반을 두고 그것에 밀착하는 교육을 시행하려고 했다. 무엇보다 덴마크의 역사, 지리, 경제를 고려했다. 국민의 성향과 역량이 고려되었다. 이렇게 해서 형성된 국민교육이념의 결정체가 바로 국민고등학교였던 것이다. 그룬트비는 국민고등학교의 창립취지를 다음과 같이 발표했다.

> 이 학교의 목적은 직업교육이나 실무교육을 하려는 것이 아니다. 이 학교를 세우는 목적은 농민과 일반 시민을 대상으로 덴마크 국민으로서의 자각을 불러일으키고 그들 속에 고상한 정신을 심어주려는 것이다.

국민고등학교는 입학 전에 견습 기간이 있다고 한다. 입학 희망자는 초등학교를 마치고 약 사 년간 견습 기간을 거치면서 입학을 위해 돈을 모은다. 그 기간이 끝나면 그동안 저축해둔 돈을 활용하여 정식으로 입학을 하게 된다. 입학 연령은 대개 열여덟 살부터 스물다섯 살까지로 되어 있다. 입학은 농민 자제뿐 아니라 덴마크 국민이면 누구에게나 개방되어 있다. 학교는 농한기에만 문을 여는데 남자는 11월부터 4월까지 6개월간, 여자는 5월부터 7월까지 3개월간 공부한다. 수업 연한은 2년간이다. 학생들은 학교에 다니는 동안은 일절 다른 일을 하지 않고 공부에만 전념한다. 공부란 보통 하는 학습이 아니고 일종의 수련과 같은 것이다. 자신을 성찰하고 국가와 사회의 미래를 탐구한다. 그래서 인간으로서 또 국민의 한 사람으로서 어떻게 살 것인가를 모색한다.

상식적으로 생각해서 국민고등학교에서는 주로 농업과 관련한 과목을 가르치고 배우지 않겠는가고 짐작할 것이다. 그러나 실상은 전혀 그렇지 않다. 농업 과목이 거의 없는 편이다. 과연 이상하지 아니한가? 일이 이렇게 된 것은 국민고등학교의 설립목적에서 그 이유를 찾을 수 있다. 무엇보다 이 학교는 마음을 단련하는 수련 기관이다. 자신과 국가의 미래를 성찰하고 탐구하는 곳이다. 그러는 과정에서 직업관을 확립하고 천직을 발견해간다. 남이 믿을 수 있는 인격을 닦고 직책을 수행할 수 있는 능력을 기른다.

그래서 교과목은 국어, 작문, 역사, 지리, 수학, 자연과학, 측량, 부기, 미술, 음악, 체육, 농업경제 등이다. 수업은 오전 여덟 시에 시작하여 오후 여섯 시에 끝난다. 점심시간 말고는 계속 수업을 한다. 조회 때 교장 선생님의 말씀, 아침운동, 합창과 같은 것이 특징이라고 한다.

덴마크의 국민고등학교 수는 전국적으로 칠십 개 정도 되는 것으로 기억한다. (나의 기억이 정확하지 않을 수 있다.) 학교는 전부 사립이며 대부분의 경우 교장이 학교의 소유자이며 경영자이다. 정부에서는 해마다 재정적인 지원을 한다. 학교의 경영은 전적으로 교장의 재량에 따라 하며 정부의 간섭은 일체 없다.

국민고등학교는 그러니 일종의 가숙家塾이다. 교장은 숙장塾長이다. 학생들은 지덕을 고루 갖춘 숙장을 존경하여 사방에서 모여든다. 이런 것을 보면 우리나라의 옛일이 생각난다. 과거에 우리나라에서도 고명한 선비가 있으면 천하의 인재들이 모여들어 학문을 익히고 덕을 닦았던 것이다. 이런 생각을 하면 오늘날 문제투성이인 우리 교육 현실을 반성하게 된다.

국민고등학교 학생들은 아침 일곱 시에 아침밥을 먹는다. 여덟 시가 되면 전교생이 강당에 모여 아침 노래를 부른다. 아침 노래 시간에는 교장의 가족을 비롯하여 교직원이 전부 다 참석한다. 아침 노래 시간은 삼십 분 정도 계속된다. 이 시간에 참석자들은 마음껏 목청을 높이며 평화스럽고 즐거운 분위기 속에서 하루의 일과를 시작한다.

덴마크 사람들은 노래를 좋아한다. 언제 어디서나 노래를 부른다. 그들의 삶은 노래 속에 묻혀 있다고 해도 지나친 말은 아닐 것이다. 덴마크 국민의 원기는 노랫가락에서 나오는 것이라고 보아도 좋을 것이다. 이들이 부르는 노래의 가사는 그룬트비, 안데르센, 브로르손과 같은 애국지사나 국민 시인들의 작품이다. 내용은 덴마크의 자연을 찬미하고 영웅들을 기리며 노동의 기쁨과 가정의 행복을 노래하는 것과 같은 것들이다. 이런 계통의 노래가 칠백 편 정도나 된다고 하니 놀라울 뿐이다.

국민고등학교 교육에서 또 하나 특징적인 것은 체육이다. 매일 한 시간씩 들어 있는 이 체육 시간은 청년들의 기운을 북돋우는 장치이며 이때 함께 부르는 노래는 한껏 흥을 내게 만든다.

정오가 되면 점심시간이다. 이 시간에는 학생, 교장과 가족, 교직원 일동이 함께 모이고 손님이 있으면 역시 동석한다. 즐거운 식사를 하면서 교제를 한다. 오후 두 시까지는 휴식 시간이다. 두 시부터 여섯 시까지 다시 수업을 하고 그것이 끝나면 여덟 시까지 저녁식사와 자유 시간이다. 여덟 시부터 음악회, 토론회, 좌담회 등이 있고 오후 열한 시가 되면 취침 시간이다.

국민고등학교 학생들의 생활은 평화스럽고 기쁨에 넘친다. 이 과정에서 학생들은 경건, 친애, 근면, 겸손의 미덕을 체득한다. 실로 이 과정에서 협동생활의 정신이 함양되는 것이니 덴마크 경제의 특징인 공동경영의 토대가 여기서 닦여 나오는 것이다.

국내의 국민운동

지금까지 인도, 독일, 덴마크의 국민운동 사례를 간략하게 살펴보았다. 이제 국내의 사례를 더듬어볼 차례이다. 이것도 자세하게 살피려면 꽤 시간과 노력이 필요한 일이지만 우선 급한 대로 몇 가지만 짚어보기로 한다. 가능하다면 내용과 정황이 지금의 우리 현실과 비슷한 것들을 찾아보기로 한다.

우선 생각나는 것이 3·1운동이다. 3·1운동은 말 그대로 거국적이며 거족적인 운동이었다. 3·1운동에 관한 한 우리 모두는 마치 어제 그제의 일처럼 알고 있고 일상생활에서 늘 이야깃거리로 삼고 있기도 하다. 그러니 너무도 당연한 일을 가지고 따로 설명을 하고 나설 필요까지 없다고 볼 수도 있다.

그런데 세상일은 반드시 그렇게 순리대로 되는 것은 아닌 것 같다. 세상은 복잡하고 무서운 면이 있는 것 같다. 3·1운동에 대해 상식에 어긋나는 어처구니없는 주장을 내놓아 물의를 일으키는 인사까지 있는 것을 보고 있자면 별별 생각이 다 든다. 비상식적인 주장을 펼치는 인사가 외국인이 아닌 한국인임에는 더욱 어이가 없어진다. 아마도 여러분 중에서도 이 인사의 발언을 읽거나 그것에 대해 들어본 적이 있을 것이다. 이 인사는 3·1운동의 성격을 '일시적으로 흥분된 무자각한 군중의 행동'이라고 규정했다. 그는 이와 같은 취지를 밝히기 위해 장편의 논문까지 발표했다. 이 인사가 어떤 동기에서 그와 같은 주장을 펼치게 되었는지 알 길은 없다. 다만 내용이 사실에 부합하는 것이라면 설령 그것이 우리 민족에 불리하더라도 받아들일 수밖에 없을 터이지만 그것이 아니라면 그야말로 문제라고 하지 않을 수 없다. 그런데 이 인사의 발언은 전혀 근거가 없고 사실과 부합하지 않는다. 근거도 없이 이런 주장을 내놓는다는 것은 무지와 당돌함의 소치라고 할 것이다. 군중심리학이나 혁명심리학에 대해 약간의 상식이라도 있었더라면 이런 무모한 주장은 내놓지 않았을 것이다.

3·1운동의 의의는 여러 면에서 고찰할 수 있을 것이다. 그 가운데서 역시 가장 큰 의의라면 거국적이고 거족적인 규모에서 민족의 독립 의지를 세계만방에 알렸다는 것이다. 그때 우리 민족은 남녀노소 가릴 것 없이, 그리고 지도자와 대중이 하나가 되어 독립 의지를 과시했다. 물론 한 번의 대대적인 운동이 당장 민족

의 독립을 가져오지 못한 것은 사실이다. 그러나 당시의 국제정세가 그것을 허락하지 않았다는 것뿐 독립운동 자체는 성공적이었다고 보아 무리가 없을 것이다. 그것은 후일을 기약할 수 있는 충분한 밑거름이 되었던 것이다.

3·1운동 이전 시기에 또 하나의 국민운동이 있었다. 우리는 이 운동을 기억할 필요가 있다. 그것은 지금 국채보상운동國債報償運動으로 알려져 있는데 3·1운동만큼 이름이 높지는 않지만 우리 민족의 역사에서 매우 뜻이 있는 운동이었다. 그것은 대한제국기에 일어난 보채報債운동이었다. 1906년(광무10) 이래 나라에서는 시정개선施政改善을 위하여 일본으로부터 돈을 꾸어다 사용했다. 그 돈이 쌓여 1천 3백만 원에 이르렀다. 나라의 빚이 그때 돈으로 그만큼 엄청난 액수였다는 것이다. 그러니 국가는 국가대로 일본 자본에 예속되었으며, 민간은 민간대로 일본 자본의 노예가 되었으므로 일본은 이 약점을 이용하여 대한제국의 정권을 농락하기 시작했다. 그러자 이 상태로는 도저히 자주적인 갱생이란 생각할 수 없다는 반성이 민중 속에서 일어났다. 이 운동의 선구는 대구의 서상돈徐相敦과 김광제金光濟 등이었다. 그들은 일본에 대한 정부의 빚을 갚자는 주장을 강력하게 내세워 많은 사람의 공감을 얻게 되었다. 이것에 힘을 입어 국채보상금연기성회國債報償禁煙期成會가 조직되어 각지에서 모금운동을 벌이게 되었다. 백성들의 호응이 매우 커서 부녀자들은 금은으로 된 장식품을, 시골 농민들은 땔나무를 팔아서 번 돈까지 내놓았다. 어른들은 담배를 끊

고 돈을 절약했다. 이에 끽연금지회喫煙禁止會까지 조직되었다. 이 운동은 그때 나름으로 성과가 대단했다고 평가되고 있다. 나라의 위기를 당하여 백성이 들고일어난 또 하나의 운동이었다.[5]

　나는 철이 없던 어린 시절에 고향에서 사람들이 담뱃대를 빼앗아 분질러 버리는 장면을 본 적이 있다. 그리고 담뱃대 주인에게 '나라를 망치는 놈'이라고 욕하는 광경도 보았다. 그러니 그때는 길에 담뱃대를 들고 나오는 사람이 없었다. 이것은 금연운동과 관련하여 개인적인 경험을 덧붙여보는 것이다.

　국민운동의 사례 소개는 이 정도에서 마감하기로 한다. 이제 다음의 이야기로 옮겨가기로 하자.

---

5) 지은이 김범부는 이 발언을 참고문헌 없이 기억에만 의존하여 발전시킨 것으로 전해진다. 그렇다보니 사실事實과 사실史實이 가끔 부정확한 경우가 있다. 여기 이 부분 역시 부정확한 데가 있어 풀어쓴 이가 바로잡기도 하고 보충설명을 하기도 했다. 이때 참고한 문헌은 『한국사대사전』 상권, 이홍직 편저(교육도서, 1992)에 나오는 「국채보상운동」, 「금연보채」와 같은 여러 관련 항목이다.

3. 한국의 현실과 국민운동의 과제

우리는 앞에서 국민운동의 사례 몇 가지를 짚어보았다. 인도의 사례를 보면 간디가 지도하는 스와라지 운동이 큰 성과를 거둔 것으로 나와 있다. 그러면 우리나라에서 스와라지 운동을 펼치면 같은 성과를 낼 수 있을 것인가? 또 가령 간디 같은 인물이 한국 땅에 나타나 인도에서처럼 고행의 길을 걸으면서 백성을 지도하면 같은 효과가 나타날 것인가? 나는 그렇지 않을 것이라고 생각한다. 부정적인 사례로서 든 것이지만 히틀러의 방식은 어떠한가? 가령 히틀러가 한국 땅에 나타나 잘못된 사상과 정책이 아니라 올바른 시책을 편다면 그때는 어떤 결과가 나올 것인가? 나는 이 경우도 좋은 결과를 기대하기 어려울 것이라고 생각한다. 그렇다면 그룬트비는 어떠한가? 그가 오늘의 한국 땅에 나타나 덴마크에서와 꼭 같은 내용과 방법으로 국민고등학교를 지도하면 과연 어떤 결과가 나올 것인가? 나는 역시 긍정적인 결과를 기대하기 어려울 것이라고 생각한다. 그렇다면 3·1운동이나 국채보상운동은 어떠한가? 국내에서 일어난 지난 시기의 운동의 모범을 따르면 좋은 결과를 기대할 수 있을 것인가? 이것 역시 나로서는 긍정적인 결과를 기대하기 어렵다고 보는 입장이다. 그렇다면 그 이유는 무엇인가? 과거의 사례는 사례일 뿐 지금 한국 땅에 적용하기에 적합하지 않다고 하는 이유는 무엇인가?

이에 대한 대답은 이런 것이다. 말하자면 스와라지 운동이 그 당시 인도 국민에게 호소력이 있었고 그래서 인도 해방운동에 효력을 발휘한 것은 그때 인도의 그 국토와 국민이 있었기 때문에 가능했던 것이다. 가령 스와라지라는 말은 지금 우리가 들어서 느끼는 중립적이고 무감동적인 명사가 아니었다. 그것은 당시 인도 국민에게 그냥 말이 아니라 깊은 감명과 감동을 수반하는 신의 목소리였던 것이다.

아마 여러분은 얼른 이 말을 이해하기 어려울 것이다. 예를 들어 설명하면 이런 것이다. 지금 여러분은 민주주의라고 하면 호감을 가지고 반민주 또는 독재라고 하면 반감을 느끼게 될 것이다. 지금 여러분의 생리로서는 민주주의란 말에 그만큼 권위를 부여하고 있는 것이다. 마찬가지로 스와라지란 말이 인도 국민에게 가지는 권위는 정말 대단한 것이었다. 그것은 간디가 인도 국민을 위한 각성제로서 반평생을 바쳐 고심에 고심을 거듭한 끝에 찾아낸 진리의 언어였던 것이다. 그것은 간디가 인도의 고전의 바다 깊은 곳에서 찾아낸 보물이었다.

독일 히틀러의 슬로건이며 모토는 민족지상, 국가지상이란 것이었다. 이것 역시 당시 독일 국민에게 호소력이 있는 것이었다. 그냥 호소력을 지닌 정도가 아니라 그들의 피를 끓게 하고 심장을 고동치게 하는 것이었다. 그것은 결코 히틀러 당대에 단지 필요에 따라 만들어낸 한갓 정치적 구호가 아니었다. 그것은 독일의 전통에서 나온 것으로서 미신에 가까운 역사적 신비라고 할 수 있는 것이었다. 그것은 마치 독일의 민족적 신앙과도 같은 것이었다. 그러므로 독일 국민을 동원할 심산을 가졌던 히틀러로서 독일 국민이 가장 큰 권위를 부여하는 가치에 기대려고 한 것은 자연스러운 일이었다. 히틀러의 선택은 나름대로 적중했다고 볼 수 있다.

그룬트비가 지도한 덴마크의 국민운동 역시 그 나라의 독특한 조건에서 가능한 것이었다. 덴마크란 나라는 사회의 구성이 독특하다. 가령 교육계면 그들끼리, 종교계면 또 그들끼리, 그런 식으로 따로따로 움직이는 사회가 아니라는 것이다. 이런 점에서 덴마크 사회는 세계의 많은 나라와 다르다고 할 수 있다. 덴마크에서는 무엇보다 종교가 루터파 개신교 하나로 통일되어 있다. 그렇다 보니 사람들은 어디를 가나 신앙의 동지를 만나게 된다. 이를테면 그들은 교회, 학교, 조합, 상점, 관청 할 것 없이 어디를 가나 친근감을 느끼는 사람들을 만나게 된다. 이처럼 역사적으로 축적된 사회의 조건을 십분 활용한 사람이 그룬트비였다. 그룬트비는 그 사회에서 이미 학식과 경륜을 인정받고 있는 터였다. 덴마크 국민의 존경과 신뢰라고 하는 자산을 이미 확보한 상태였던 것이다. 그가 지도한 국민고등학교라고 하는 국민운동의 추진체는 그와 같은 국민과 지도자의 조건이 만들어낸 작품이었다. 국민고등학교가 세계적으로 명성을 얻게 된 성공의 비밀이 거기 있었다.

앞에서 잠시 언급했지만 국민고등학교의 설립 취지는 참된 인간을 길러내는 데 있었다. 그리고 학생들로 하여금 국가의 현실을 깊이 이해하고 그 속에서 각자의 직분과 사명을 발견하도록 하는 것이었다. 나라의 사정과 세계 속의 위치를 알게 하는 등 폭넓은 교육을 하는 동시에 역시 가장 큰 강조점은 개인의 직분을 깨우치게 하는 것이었다. 이것은 교육을 마친 후에 직업을 찾게 한다는 통상적인 의미와는 다른 것이었다. 그것은 자각적으로 천직을 찾는다는 의미였고 거기에는 사명감과 책임감이 따르는 것이었다.

국민고등학교가 목표로 삼는 참된 인간이란 결코 선량한 관념의 소유자를 말하는 것이 아니었다. 그렇게 되면 인간으로서 악인은 아닐지 몰라도 사회 속에서 건전성을 지니는 인간이라고 보기는 어려울 것이다. 국가의 현실과 그 속에서 자각된 직분이라는 것이 전제되어야 비로소 인간으로서 건전성이 담보되는 것이다. 국민고등학교의 설립 취지에 직업교육이나 실무교육이 목적이 아니며 다만 농민이나 다른 시민에게 덴마크 국민이란 자각과 고상한 정신을 심어주는 것을 목적으로 삼는다고 명시한 점을 새삼 기억할 필요가 있을 것이다.

3·1운동과 그 이전의 국채보상운동에서 나타난 백성들의 열기와 힘의 원천은 무엇이었을까? 물론 직접적인 동기가 있었고 당면한 과제가 있었던 것이 사실이다. 그러나 우리의 관심은 보다 근본적인 데 있다. 시류에 밝지 못한 일반 백성들까지 높은 사기에 충천하여 들고 일어나게 만든 정신의 원천이 무엇이었을까 하는 것이다.

3·1운동의 직접적인 동기는 당시 세계적으로 유행하던 민족주의 사조에 노출된 것이었다. 그리고 그때 우리 민족은 이민족의 압제 밑에 놓여 있었다. 그리고 1894년의 갑오경장 이후 여러 신문명과 함께 유입된 자유와 평등 사조 또한 우리 민족의 사기를 북돋는 요인이 되었다.

국채보상운동은 1907년에 발기되어 전국으로 퍼져나간 민간운동으로서 시기적으로 1905년의 을사조약과 1910년의 경술국치 중간 지점에 놓여 있었다. 역시 나라의 위기 앞에서 백성이 들고 일어난 운동이었고 그 배경으로서 시대적인 사조의 영향을 받은 것 또한 사실이었다.

한편 좀 더 깊이 생각할 필요가 있다. 아무리 신문명, 신사조, 민족주의라고 하지만 당시 그와 같은 것이 파급된 것은 일부 식자사회識者社會에 지나지 않았다. 그런 상황에서 일반 백성의 충천하는 사기와 분노의 치열성을 선뜻 이해하기는 어렵다. 과연 그들이 거국적 거족적으로 느낀 비감과 비통은 어디서 유래한 것이었을까?

나는 한마디로 한국인의 고유한 지정적至情的 국가관國家觀을 들고 싶다. 내가 지정적 국가관이라고 부르는 이 국가관은 한국인에 고유한 것으로서 이론적으로 성립된 하나의 관념이 아니다.

그것은 역사적으로 이 민족이 지녀온 하나의 윤리적 심정이며 결코 이해득실을 따지는 마음이 아니다. 선량한 자제가 부형에 대해 가지는 효제孝悌의 정신이 나라로 옮겨가 나타난 것이라고 볼 수 있다. 그것은 조국을 향해 저절로 나타나는 순정이며 국가에 부여하는 경애심이다. 우리 역사에 수없이 많이 나타난 애국선열들은 하나같이 이 정신에서 목숨이 걸린 일에 과감히 나섰던 것이다. 이것을 나는 지정적 국가관이라고 부르는 것이다.

그러면 한국인의 지정적 국가관은 다시 어디로부터 유래하는 것인가? 한국인의 국가에 대한 지정적 태도는 실로 아득히 먼 고대에 기원을 두고 있다는 점을 기억할 필요가 있다. 실로 신라 화랑의 풍격 속에 이 정신의 진수가 녹아 있는 것을 알 수 있는 것이다. 그런데 알고 보면 이 화랑정신이란 것 또한 그 이전에 없었던 것이 일시에 돌발한 것이 아니다. 그리고 그 제도와 모습이 사라진 이후라고 해서 그 정신마저 깡그리 없어진 것도 아니다. 화랑정신은 사실인즉 상고시대로부터 지금까지 이 민족의 역사를 관통하여 흐르고 있는 혈맥인 것이다. 그러므로 이 민족의 고상하고 드높은 사기는 언제나 같은 정신에서 발원하게 되는 것이다.

그리고 유학儒學이 이 지정적 국가관의 형성에 적지 않게 기여한 점을 지적하지 않을 수 없다. 이 땅의 유학은 후대로 내려오면서 썩고 곪아 폐단이 심하기도 했지만 고대와 중세 때는 백성의 사기를 높이고 윤리의식을 배양한 정신의 기반이었다. 유학에 의해 배양된 충효정신과 대의명분 사상은 오랜 세월을 두고 이 땅의 방방곡곡에 깊이 그리고 널리 보급되었던 것이다.

여기서 우리가 명심할 것은 유학의 전성시대라고 해서 우리민족 고유의 정신이 아주 없어지지 않았다는 것이다. 겉으로 그렇게 보일 수 있지만 내면 깊은 데서는 고유의 정신이 면면히 흐르고 있었던 것이다. 우리민족 고유의 화랑정신과 유학의 효제충신孝悌忠信, 대의명분 사상 등은 오랜 역사를 통과하면서 서로 혼연일체가 되었다고 볼 수 있다.

그래서 우리는 국채보상운동이나 3·1운동 때 백성들이 뿜어낸 구국비원의 정신이라든가 민족해방의 열기와 같은 것이 결코 일시적인 사조나 외래의 자극에만 의존하여 가능한 것이 아니었다는 점을 상기할 필요가 있다. 그러므로 우리는 감히 이렇게 말할 수 있다. 즉 오늘을 사는 우리들의 심장과 혈맥 가운데도 시대의 흐름에 따라 얼마쯤의 변형은 불가피하다고 치더라도 민족 고유의 정신과 생리는 여전히 살아 숨 쉬고 있다는 것이다.

오늘 우리나라의 현실은 과거 세계의 그 어디에도 없던 것이다. 과연 오늘에만 고유한 것이라고 할 수 있다. 이것은 간디 당시의 인도, 히틀러 당시의 독일, 그룬트비 당시의 덴마크, 국채보상운동과 3·1운동 당시의 한국에 없었던 새로운 현실인 것이다. 결코 그들로부터 배울 것이 없다는 이야기가 아니다. 앞선 사례에서 참고할 사항을 취하는 것은 얼마든지 좋은 일이고 장려할 일일 것이다. 그러나 오늘 우리가 당면한 현실에 수입사상을 직접 대입하거나 모방하는 것은 곤란하다는 것이다. 효과를 기대할 수 없기 때문이다.

우리의 현실

우리 한국에 일찍이 외래문화가 유입되기 전에 한국만의 고유한 문화가 있었다. 그것 자체에 대한 자세한 언급은 나중으로 미루고 지금 이 자리에서는 다른 측면의 이야기를 조금 해보려고 한다. 그것은 고유한 한국의 문화가 충분히 성장하기 전에 외래문화가 압도적으로 유입되었다는 점을 지적하고자 하는 것이다. 한국의 고유 문화가 아직 어린 몸이었을 때 외부에서 물밀 듯이 들어온 이질적인 문화는 그 장성한 체구가 실로 웅대한 것이었다.

외래문화는 두 계통에서 들어왔는데 처음 것은 중국대륙으로부터 온 것이다. 그 유입 시기는 매우 오래되어 정확한 연대를 고증하기조차 어려운 형편이다. 아마 수천 년이나 되었을 것이다.

나중 것은 인도 계통이다. 이것의 유입 시기는 아마 천오륙백 년 전쯤으로 잡아야 할 것이다. 이 두 외래문화는 이 땅에 뿌리를 내린 지 하도 오래되어 지금은 완전히 우리 것이 되어버린 상태이다.

우리가 문화의 전통을 이야기할 때 해외의 문화가 들어오기 이

전의 고유한 그것만을 중시하고 고집하는 것은 무리이다. 비록 외래의 것일지라도 그것이 우리 민족과 함께 살아온 것이 수천 년 또는 천 수백 년의 역사를 가지고 있어 이미 우리 민족의 생리 속에 들어와 있는 것이라면 그것은 분명 우리의 전통이다. 그것을 굳이 유래를 들추어 우리 것이 아니라고 구분하는 것은 합리적이지 않다.

그리고 원래 문화라고 하는 것이 그런 것이라고 할 수 있다. 교류라고 하는 측면이 없이 단일하게 서 있는 문화란 처음부터 없는 것이다. 그와 같은 사례는 이 세계 어디에서도 찾아볼 수 없을 것이다. 가령 중국문화만 하더라도 한족漢族의 단일 문화라고 볼 수 없다. 여러 외래적인 요소 가운데 우리 한국 민족의 것이 그쪽으로 흘러들어가 큰 영향을 끼쳤다는 것도 숨길 수 없는 사실이다. 그러므로 우리 한국의 고유문화에 외국의 문화가 들어와 서로 섞여 이 땅의 전통을 형성했다고 해서 조금도 흠이 될 것이 없는 것이다.

다만 여기서 한 가지 주목할 것은 외래문화의 영향을 다반사로 많이 받는 지역에서는 사람들에게 한 가지 습성이 생긴다는 점이다. 가령 일본문화와 같은 경우는 특히 외래의 문화에 압도적으로 많이 노출된 문화인데 그렇다 보니 그 사람들은 지금도 언제나 외국 선박이 들어오는 부두[6]를 내다보지 않으면 안 되는 형

---

6) 지금의 교통 환경에서라면 '부두와 공항'이라고 했을 것이다.

편에 놓여 있는 것이다. 우리 한국인은 일본 사람들만큼 과민하게 부두 쪽에 시선을 고정시키지 않을지 몰라도 어쨌든 항상 밖을 내다보는 습성이 있는 것은 숨길 수 없는 사실이다. 사람들은 이러한 경향을 사대사상이라고 매도하기도 한다. 그러나 나는 반드시 그럴 필요까지는 없다고 생각한다. 나라의 사정이 그럴 수밖에 없는 측면도 있지 않았을까 하는 것이다. 다만 여기서 한 가지 지적하고 넘어갈 것이 있다. 우리의 당면한 현실 문제를 해결하려고 하는 마당에 이와 같은 바깥을 내다보는 습성은 가끔 문제를 초래하기도 한다는 것이다. 왜냐하면 우리의 현실은 우리만이 가진 것이기 때문이다. 그것을 해결하기 위해서 무엇보다 우리 현실 자체를 깊이 파악하여 대처하는 것이 필요한 것이지 외국 사람들이 무슨 말을 했는지 그들이 무슨 기록을 남겼는지 따위에 우선적으로 관심을 두는 것은 적절하지 않다는 것이다.

내가 한 번은 어떤 모임에 참석하게 되었는데 경제 관련 토론을 하는 자리였다. 그러니 자연스럽게 경제학자들이 좌석의 대부분을 차지하고 있었다. 경제학에 대해 아는 것이 별로 없는 나는 그 자리에 오히려 이방인과 같은 존재였다. 그러나 이왕 자리를 함께하게 되었으니 나는 그저 열심히 들었다. 모임이 끝나고 차를 나누는 자리에서 그날 모임에 대한 소감을 말할 기회가 있었다. 나는 솔직하게 말했다. 좋은 학술 모임이었고 풍부한 지식이 제시되었다고 인사치레를 한 후 그러나 문제가 좀 있어 보인다고 했다. 무엇보다 한국 경제의 실정과는 너무 거리가 있는 이야기들이라 유감이라고 했다. 그날의 이야기를 모두 글로 옮겨놓으면 무식하지 않다는 평을 들을 수 있을지 몰라도 우리 실정과는 관련이 없어 보인다고 했다.

생각하면 이와 같은 논의의 적실성 문제는 하필 경제학에만 있는 것은 아닐 것이다. 또 그날 모인 사람들에 국한된 문제도 아닐 것이다. 같은 성질의 일은 지금 이 나라의 어디서나 다반사로 일어나고 있다고 여겨진다. 지금 이 말을 하고 있자니 문득 정다산(丁茶山, 이름은 若鏞이고 茶山은 호이다, 1762~1836) 생각이 난다. 그는 지금부터 이백 년도 못 되는 과거 시기의 학자이다. 이 정다산은 성호星湖 이익(李瀷, 1681~1763)을 사승師承했다고 보면 정확할 것이다. 성호는 저술도 많았고 참 탁월한 학자였다. 그의 저술 중에 『성호사설星湖僿說』은 특히 유명하다. 아마 그의 주저로 보아야 할 것이다. 성호는 이 책에서 대체로 다음과 같은 취지의 말을 남겼다.

우리나라 학자들이 늘 중국 글을 읽어서 글도 짓고 그 실력으로 과거도 본다. 그렇기 때문에 중국 글을 읽는 데는 대단히 민첩하다. 그러나 유감스럽게도 그들이 우리나라의 목하 실정을 살피는 데는 너무나 우원迂遠하다. 그들은 목하의 실정을 살펴서 글을 짓는 것이 아니라 어떻게 하면 글 자체를 정교하게 만드느냐 하는 쪽으로 기우는 경향이 있다.

이것은 내가 과거에 읽은 기억을 더듬어 대강 전해보는 것이다. 성호의 뜻은 대강 그런 것이었다. 그런데 성호의 이야기는 이백 년 전에 적합했을 뿐 아니라 바로 오늘에 들어맞는다는 느낌이 든다.

이제 우리에게 적합한 국민운동의 방법에 대해 말해볼 차례이다. 여기서 우리가 명심할 것은 현실이라는 것이다. 현실이라고 하면 흔히 아주 쉽고 깊이도 없는 것처럼 생각한다. 그러나 알고 보면 전혀 그런 것이 아니다. 현실이야말로 복잡하고 어렵다. 하여튼 이제 우리는 오늘 우리의 현실을 검토해야만 한다. 눈앞에 있는 우리의 현실을 먼저 검토하는 것이 국민운동을 시작하는 일의 순서일 것이다.

혼란의 원인

오늘 한국의 현실은 한마디로 대단한 난국이며 혼란이다. 아마 동서고금을 불문하고 이런 난국과 혼란은 일찍이 없었다고 할 수 있을 것이다. 여기에 대해 사람들은 고민도 많고 말도 많다. 그러면 이 난국, 이 혼란은 어째서 우리 앞에서 이 난리법석인가? 혼란상부터 먼저 검토하면 대개 이렇게 볼 수 있을 것이다. 큰 혼란은 국말國末에 온다. 즉 나라가 망할 때, 나라가 멸망 직전에 왔을 때, 그때 반드시 큰 혼란이 오는 법이다. 그때는 모든 기강이 해이해지고 사람들의 사기가 떨어지고 현실은 절박해진다. 동서고금 할 것 없이 나라가 망할 때는 반드시 큰 혼란이 온다. 또 다른 큰 혼란은 국초國初에 온다. 즉 나라가 처음 성립될 때 혼란이 오는 것이다. 망할 때의 혼란이 모든 것이 해이해져서 오는 것이라면 국초는 모든 것이 아직 확정되지 않아서 오는 것이다.

그렇다면 우리의 현실은 지금 어디에 와 있는가? 실로 지금은 나라가 망하던 끝이라고 할 수 있다. 그것도 무슨 외적의 침략과 지배 밑에서 한 사십 년간 망해 지냈다는 정도를 말하는 것이 아니다. 사실은 이 나라가 망하기 시작한 것이 몇백 년은 된다고 할 것이다. 지금 우리시대는 적어도 수백 년을 두고 망해오던 끝이라고 할 수 있다. 그 마지막에 사십 년 동안 국가 없이 남의 나라에 예속된 생활을 했던 것이다.

게다가 지금은 또 건국 초기에 해당한다. 그래서 우리는 지금 국말과 국초의 혼란상을 동시에 통과하지 않으면 안 되는 처지에 놓여 있는 것이다. 다른 것은 다 제쳐두고 이 사실 하나만 가지고도 결코 만만치 않은 현실인 것이다.

무엇보다 제도를 바꾸는 데 따르는 혼란을 무시할 수 없다. 어떤 제도이든 새로운 것을 받아들일 때 거기에는 반드시 일시적 또는 장기적인 혼란이 온다. 더구나 도입하는 제도가 국내에서 만들어진 것이 아니고 외래의 것일 때는 더욱 그렇다. 새로운 제도를 밖으로부터 들여와 이식하는 데는 도저히 피할 수 없는 혼란이 생기며 그것은 상당히 오래 지속될 수 있는 것이다.

민주주의 문제가 바로 그런 것이다. 우리 한국에 역사적으로 보아 혹시 현대의 민주주의 이상 가는 무엇이 있었는지 모른다. 그러나 우리가 지금 실험 중에 있는 현대적 민주주의라는 것은 분명 우리에게 이식된 것임에 틀림이 없다. 밖으로부터 옮겨온 것이란 뜻이다. 이것은 아직은 이식기에 있어 뿌리가 제대로 내리지 않은 상태이며 그것에 따른 혼란이 있는 것은 너무도 자명한 일이다.

사상적인 대립 또한 혼란의 원인이 된다. 말하자면 묵은 것이 지나가고 새로운 것이 미처 정착하지 않은 상태에서 신구의 대립 관계가 성립하고 그것이 또한 혼란을 불러오는 형국이다. 이 때 특히 주의할 점은 모름지기 과거의 전통에 대해 신중한 검토를 하고 넘어갈 필요가 있다는 것이다. 버려서 좋은 것을 버리지 않고 있는 것도 문제이지만 버려서는 안 될 것을 그렇게 해버리는 경우는 더욱 문제가 된다. 이것 역시 혼란의 원인이 된다.

국토분단은 더욱 큰 혼란의 원인이 된다. 이것은 현실적으로 사람들에게 불안하고, 분하고 한스러우며 놀라고 두려워하는 심리를 불러일으킨다. 도대체 이보다 더한 혼란의 원인을 찾기란 쉽지 않을 것이다.

한국에서 외세의존의 문제는 매우 복잡한 내용을 가지는 것으로서 이것 또한 혼란의 원인이 된다. 이 땅에서 외세의 문제는 약간만 사리에 밝은 사람이라면 그것에 따른 고민에 동참할 수 있을 것이다. 그러나 직접 경험하지 않고는 여간해서 속속들이 이해하지 못하는 면이 있는 것 또한 사실이다. 그러나 우리가 외세

문제를 검토함에 있어서 특히 조심하고 경계를 게을리해서는 안 되는 대목이 있다. 외세의존에 대해 무책임하게 들뜬 생각으로 그것은 창피한 일이고 해서는 안 될 일이라고 생각하는 수가 있다면 그것은 오로지 무모한 감정에 지나지 않는다. 한국의 현재 실정으로 보아 외세의존은 불가피한 면이 있다. 그것은 도저히 부인할 수 없는 현실이다. 현실이 그런 이상 문제가 되는 것은 그것을 어떻게 하면 부끄럽지 않게 관리하느냐 하는 것이다. 이미 하느냐 마느냐의 문제는 아닌 것이다. 상말에 울면서 회 먹는 격으로 지금 우리의 현실이 부득불 그렇게 되어 있는 점을 깊이 이해할 필요가 있다. 그러나 저러나 이것이 혼란을 가져온다는 점을 지적하지 않을 수 없다.

혼란의 원인은 또 있다. 설상가상이니 이를 과연 어쩌면 좋을 것인가? 광복 후 일제의 잔재를 깨끗하게 청소한다고 하던 때가 있었다. 가령 관공서나 학교에서 일본말과 일본문화의 잔재를 몰아내기 위해 자못 기세를 올리기도 했던 것이다. 그러던 것이 요즘 와서는 일제 잔재의 부흥을 위한 바람이 제법 세차게 불고 있는 형편이니 이것이야말로 모를 일이고 또 모르다가도 알 수 있는 일이다. 하여튼 이것도 그냥 방치해서는 안 될 일이다. 정말 정신 차리지 않으면 코를 약간 다칠 정도가 아니라 정신을 송두리째 잃어버릴 판이다.

지금 국내에서 나오는 신문, 잡지, 저술 등을 보면 아직도 가봉假縫이니 여중女中이니 하고 있다. 이것도 보기보다 사소한 일은 아니다. 왜냐하면 도대체 국가의 자주독립을 원칙으로 하는 이상 문화의 자주독립이 정치의 그것보다 결코 가벼운 것이 아니라는 말이다. 무엇보다 문장독립文章獨立이 중요하다. 그것이 문화 전체를 대변하는 것은 아니지만 문장독립이 선행되지 않고는 문화독립을 성취할 길이 아득해지는 것이다. 도대체 문장이란 사람이 가진 의사意思의 표현인데 알고 보면 의사와 언어와 문장은 어느 의미로는 동일한 것이다. 무슨 말인가 하면 의사란 모양이 없는 언어이고 문장이란 것이다. 언어와 문장은 듣고 볼 수 있는 의사란 말이다. 예를 들어 누군가가 일본식 문장으로 표현했다고 하자. 비록 일본식 의사를 표현하려는 의도가 아니었을 수 있지만 그 사고의 방식, 사고의 호흡만은 일본식이 아니라고 변명할 길이 없을 것이다. 그래서 일본식 사고방식과 사고의 호흡을 가지고는 한국문화의 자주독립을 성취하기가 불가능한 일이 아닐까 하는 것이다. 일본식 사고방식으로 언론, 문학, 학술 또는 교육을 하게 되면 그것이 지속되는 한 한심하지만 일본문화의 식민지 지배성을 벗어나지 못할 것이란 결론에 이르는 것이다.

내가 광복 직후에 어느 신문에서 문장독립에 대해 언급한 적이 있다. 그것을 유심히 읽은 문필가 한 사람이 몇 년 뒤에 나를 만나 이렇게 개탄조로 말하는 것이었다.

저는 선생님의 견해를 옳다고 보았습니다. 그래서 배로 힘을 들여 우리 식으로 글을 썼더니 모두들 생소한 양 환영을 하지 않았습니다. 그 속내를 알고 보니 다른 게 아니었습니다. 다수의 독자가 일본식 문장에 버릇이 들어 있다는 것이 이유였습니다.

이 말을 듣고 나는 그저 "다 알 수 있는 일이지요." 하고 그만두었다. 아닌 게 아니라 다 알 수 있는 일이다. 언어나 행동에서 드러나는 그것도 그것이지만 그보다 두뇌 속에 깊이 박혀 있는 잔재 그것이 걱정거리이다. 일제의 잔재가 한국 사람의 두뇌만 점령한 것이 아니라 심장까지 틀어쥐고 있는 데는 그만 소름이 끼치고 질식하고 말 지경이다. 우리는 눈을 크게 뜨고 현실을 직시할 필요가 있다. 일제 강점기에 외적의 폭력과 위세를 빌어 이익을 도모하던 도당들이 이李정권 시대에도 장張정권 시대에도 그 교활한 기량을 마음껏 사용한 것이 현실이 아닌가? 입법이고 행정이고 사법이고 또 정당이고 할 것 없이 그들의 활동 무대가 되고 있지 않은 데가 없지 아니한가? 나는 지금 애써 개인적으로 이런 부류의 인사들을 증오하고 있다는 말을 하는 것이 아니다. 현실을 똑바로 보자는 제안을 하고 있는 것뿐이다.

도대체 언제 어디서나 불의를 쫓아다니는 무리는 있는 법이다. 그들은 거리낌 없이 도의보다 힘을 숭상하고 그것에 맹목적으로 집착한다. 이런 사람들은 아닌 게 아니라 평온무사한 시절에는 고위직이 아닌 작은 자리쯤은 맡아 수행하는 것이 무방할 수 있다. 그러나 비상시나 난국이 닥쳤을 때, 더구나 개척과 건설과 개혁이 요구되는 때 이런 사람들이 중책을 맡는 것은 안 될 일이다. 대사를 망치게 될 것이 뻔하다. 그러므로『역경易經』에 "건국기에 소인배를 기용하면 안 된다."라고 바로 못을 박고 있다. 여기서 소인배라고 하는 것은 심정이 언제나 공公보다 사私에 기울고, 도의보다 힘과 이익을 중시하는, 말하자면 자신도 어쩌지 못하고 그렇게 생겨먹은 사람을 말한다. 세상에는 워낙 이런 사람들이 많고 그들은 또 처세에 능한 법이다. 이런 사람들이 특히 나라가 위태로울 때 중임을 맡는다는 것은 처음부터 적절하지 않을 뿐더러 그들 자신을 위해서도 매우 불행한 일이라 할 것이다.

그런데 문제는 여기서 그치지 않는다. 워낙 질이 좋지 않은 인간은 어느 시대에나 있게 마련이므로 그건 그렇다 치고 이 민족의 대다수 구성원이 비참하게도 약간씩의 오염을 입었다는 사실은 예사로운 일이 아니다. 생각하면 실로 우리 한국 사람들은 세계의 어느 다른 나라 사람들보다 성씨를 중시하는 편이다. 그렇기 때문에 흔히들 욕 맹세를 할 적에 "그러면 내가 성姓을 갈겠다."고 하는 것이다. 한국 사람들이 이처럼 성씨를 중시하는데도 불구하고 한때 대다수가 성을 간 적이 있다. 일제의 막가는 발악 속에서 이루어진 일이지만 어찌 됐든 한국 사람들로서는 가장 처절한 치욕을 견뎌야 했던 것이다. 그러나 이런 것 때문에 우리는 자신을 지나치게 낮추고 업신여기기까지 할 필요는 없다고 생각한다. 이런 이야기가 전해진다. 어느 영국 사람이 "영국인으로서 인도 전역을 돌아볼 때 정직한 인도인을 만나기가 매우 어렵다."라고 개탄했다는 것이다. 이게 무슨 말인가 하면 도대체 인도인으로서는 영국인에게 속에 있는 불평을 솔직하게 털어놓지 않는다는 것이다. 그것은 실은 정직의 문제라기보다 상처의 문제이다. 며느리 설움은 며느리가 안다는 말이 있다. 인도인과 마찬가지로 침략의 고난을 치른 우리로서는 그 말이 곧 내 말인 것을 바로 알아차리게 된다. 그러니 어느 민족 할 것 없이 다른 민족의 압제 밑에서 살아가는 수난기에는 사람들이 자기 모습을 하고 살기가 어렵다. "재상도 묶어두고 보면 도둑놈 같다."는 말이 있지 아니한가? 무릇 피압박 국민은 압제자의 압박 수단이나 압박 기간에 따라 차이가 날 수 있지만 어쨌든 얼마만큼 인간성에 상처를 입을 수밖에 없고 그 아픔은 압박에서 풀려나서도 한동안 지속되게 마련이다.

식민지 백성이 입는 상처는 대개 이중성, 비굴성, 편협성, 시기심, 고식성, 자신력의 저하, 우울, 화 등의 증상으로 나타난다. 말하자면 식민지 백성이란 거절감에 시달리는 사람들이다. 그런데 문제는 이 사람들을 가지고 건국 사업에 나서야 할 형편이란 것이다. 여기에 또 하나의 혼란의 근원이 있다고 해야 할 것이다. 그러나 병은 병이므로 늘 있는 상태는 아니다. 언제인가 원래 상태로 돌아갈 날이 있다. 이런 증상은 그 정체를 알게 되는 것만으로도 약이 된다. 병에 대한 인식이 치료의 출발인 것이다. 그러므로 알아차리고 곧바로 치유받는 것이 혼란을 극복하는 길이 될 것이다.

지금쯤 독자는 대단히 불쾌하고 지루할 것이다. 설사 남의 일이라도 좋은 것이 좋지 언짢은 것이 좋을 수는 없는데 더구나 나 자신을 언짢게 말하는 것은 누구라도 듣기 좋을 리 없을 것이다. 그러나 어쩔 것인가. 상말에 병이거든 자랑을 하라고 했는데, 과연 병이란 숨겨둘 일이 아닌 것이다. 벌써 여러 해 전부터 우리 사회의 일부에서 사치, 음란, 방탕의 기운이 전에 없이 넘쳐흘러 뜻 있는 사람들의 개탄을 자아내던 터이다. 마침 5·16혁명 이후로는 미친 바람과 거친 파도가 제법 숨을 죽이게 되니 그나마 다행이라고 할 것이다. 욕심 같아선 이것이 자각적으로[7] 되었더라면 더욱 좋았을 것이다. 하지만 자각의 징후가 없는 것으로 보아 아무래도 병의 뿌리는 그대로 남아 있는 것같이 보인다.

그리고 보면 병의 뿌리를 찾아내는 일이 중요할 것 같다. 우리나라 사람들이 원래 좀 분수에 맞지 않게 화려하게 꾸미는 경향이 없지 않다. 그래도 전에는 그런 것을 경박한 행동으로 알았고 당연한 것이라고 생각하지는 않았다. 그런데 근래에 와서는 그런 꾸밈과 행동을 당연한 것으로 여기고 내놓고 주장할 뿐 아니라 경쟁적으로 내달리는 면도 있어 보인다. 일이 이렇게 되는 데는 분명 유래가 있을 것이다. 내 생각에 이것은 아마 사대적事大的 허영심과 비교의 착각에서 오는 것이 아닌가 여겨진다. 무슨 말인가 하면 여성들의 꾸밈이 전에 없이 두드러지고(하기야 남성이

7) 범부의 국민운동론 또는 신생국 국민 만들기에서 '자각自覺'은 매우 중요한 개념이다. 범부는 스스로 깨우치지 않으면 식민지 백성으로 살아갈 수 있을지 모르지만 독립국의 '국민'으로 태어날 수는 없다고 보고 있다.

라고 다를 것도 없다.) 청춘남녀의 행동이 도무지 생소하고 너름새나 표정이 관능적이고 선정적이라는 것이다. 이것은 도대체 부자연스럽고 비열하게 보인다. 그러니 이 사람들에게 맘보춤쯤은 가장 감미로운 오락인 동시에 그 생활의 직접적인 표현이라 할 수 있다. 그런데 이 사람들에게 그 생활의 태도에 대해 의견을 묻는다면 아마 이렇게 대답할 것이다.

뭐 인생이란 기쁘고 즐겁게 살아야 하는 것 아닐까요. 그리고 기쁘고 즐거운 일이라면 역시 육체적 쾌감이 가장 확실한 길 아니겠어요? 이러한 생활의 맛을 한껏 즐기는 것이 지혜라고 봐요. 이러한 생활관은 우리 후진後進 한국인의 감각으로서는 이해하기 어렵겠지만 인생관이 분명한 선진先進 구미인들에게는 가장 정당한 것이지요.

과연 그럴까? 단언컨대 구미인의 인생관이나 생활태도가 전부 다 그렇다고 보기는 어려울 것이다. 그들에게 그런 면이 없는 것은 아니겠지만 동시에 오히려 그것에 반대하고 좋지 않게 보는 시각도 있을 것이다. 매우 건실한 사상과 행동이 그 사회의 주류를 형성하고 있을 것이라고 믿어 의심하지 않는다.

그러고 보니 이 사람들의 구미관歐美觀이란 다분히 편향적이다. 말초적인 일면만 가지고 이것이 구미의 본질이라고 주장하니 얼토당토않은 일이다. 오직 경박하고 사대적인 허영심의 발로라고 보는 수밖에 없다.

우리 사회의 이런 흐름과 관련하여 중국고사 한 대목이 생각난다. 거기 보면 효빈效顰[8]이란 말이 나오는데 이것은 동시효빈東施效顰을 줄인 말이다. 옛날에 서시西施라고 하는 대단한 미인이 있었는데 한 가지 결점을 가지고 있었다고 한다. 그것은 다름이 아니라 찡그리는 버릇이었다. 얼굴을 찡그리는 버릇이란 워낙 좋은 버릇이라고 할 수 없지만 원체 뛰어난 미인의 자태이고 보니 그것마저 몹시 곱게 보였다. 같은 시대에 동시東施라고 하는 추녀가 살고 있었다. 동시는 서시의 장점이 찡그리는 데 있는 것으로 생각했다. 그래서 자신도 찡그리는 얼굴을 하고 사람들 앞에 나타났다. 그런데 이게 어쩐 일인가. 사람들이 모두 달아나고 혹시 동시가 뒤를 좇아오지 않을까 하여 문까지 걸어 닫는 사람도 있었다. 본디 망측하게 생긴 얼굴을 찡등그리기까지 했으니 보기에 얼마나 민망했겠는가.

이 몇 년 동안 우리가 여러 가지 관련으로 가장 빈번하게 접촉하게 되는 외국인은 미국인이다. 그런데 미국으로 말하면 세계 최고의 부자 나라이다. 과학이 최고로 발달해 있으며 군사적으로도 최강이다. 그러니 그 사람들이 여유작작하게 지내고 기쁨과 즐거움을 생활 속에서 추구하는 것쯤은 이해 못할 바도 아니다.

---

8) 사전적인 뜻은 "맥락도 모르고 덩달아 흉내냄", "남의 결점을 장점인 줄로 알고 본뜸"으로 나와 있다. 『엣센스 국어사전』 4판, 이희승 감수(민중서림, 1998), 2960쪽

그것의 정도가 적당하다면 오히려 당연하다고 볼 수 있는 것이며 또 설령 좀 지나치는 경우가 있다고 하더라도 역시 눈을 감아줄 수 있는 일일 것이다. 그런데 우리 한국은 어떤가? 세계에서 가장 가난한 나라 가운데 하나이며 이전에 볼 수 없던 난국을 당하여 생사존망이 달려 있는 수난의 한복판에 있지 아니한가. 말하자면 우리는 지금 중한 병을 앓고 있는 신세로서 이 상태에서 원기와 정력이 왕성한 미국의 흉내를 내려고 하면 무리라고 할 수 있지 않겠는가. 동시효빈東施效顰의 익살 정도로 여기고 지나갈 일이 아니지 않겠는가. 옛사람들의 말씀에 뱁새가 황새 걸음을 하면 가랑이가 찢어진다고 했다. 오늘 우리 처지를 두고 말하면 뱁새라 한들 성한 뱁새나 되겠는가. 또 이솝우화에 개구리가 황소 흉내를 내느라고 배때기를 자꾸 내밀다가 그만 배가 터져 죽었다는 대목이 있다. 이솝우화의 개구리는 마침 한 마리였을 터이므로 오히려 다행이라고 할 것이다. 만약 다수의 개구리가 그런 망령을 부렸다면 그 개구리 나라는 과연 어떻게 되었겠는가.

비교의 착각이란 것이 참으로 무서운 비극을 가져온다는 생각이 든다. 만약 동시東施가 자신의 얼굴을 확인했더라면 남의 결점을 장점인 줄 알고 본뜨는 일은 하지 않았을 것이다. 뱁새가 자신의 다리가 짧은 줄 알았더라면 가랑이가 찢어지는 일은 하지 않았을 것이다. 또 개구리가 황소 배때기를 바로만 보았던들 배가 터지는 일은 없었을 것이다. 이런 일이 다 비교의 착각에서 오는 희극이자 비극이라고 생각된다. 우리는 이런 일을 거울로 삼아 모름지기 경계하고 조심할 일이다.

그런데 만일 사람이 머리가 둔한 추녀나 어리석은 새처럼 아무런 성찰이나 자각이 없을 때 부득이 사랑의 매가 필요하다. 옛 성인의 말씀에 징벌은 작게 하고 경계는 크게 되도록 하는 것이 소인에게 복이 된다고 했다. 즉 소인이란 너무 무엇을 모르는 사람, 사리私利만 알고 공의公義를 돌보지 않는 사람, 또는 알고도 불의를 저지르는 사람을 가리키는데 작은 죄과를 다스려 큰 죄를 범하지 않도록 하고, 소수를 다스려 다수를 경계하고, 할 수 있는 대로 가벼운 벌을 주면서도 중한 죄를 방지하는 것, 이런 것들이 소인에게 복이 된다는 말씀이다.

그러면 동시東施가 당한 망신, 뱁새의 찢어진 가랑이, 터져버린 개구리의 배는 결국 누구의 책임인가? 분수를 모르고 설쳐댄 동시, 뱁새, 개구리 자신들의 책임일 뿐 다른 누구를 원망할 수 없을 것이다. 도무지 서시나 황새나 황소가 책임을 지고 나설 일이 아닌 것이다. 그러므로 한국 사람들의 허물은 모름지기 한국인 자신의 반성과 자책으로 고쳐나가지 않으면 안 된다. 그것이 사대적 허영심에서 오는 것이든 비교의 착각에서 비롯한 것이든 지금 우리가 눈앞에 보는 천박하고 경솔한 행동거지는 우리 사회가 경험하고 있는 혼란상에 또 하나의 원인을 제공하고 있음에 틀림없는 것이다.

그리고 우리가 경험하는 혼란에는 또 하나의 자명한 요소가 개입되어 있다. 그것은 우리의 절박한 경제적 궁핍이란 것이다. 그러나 다시 한 번 새겨볼 일은 경제적 조건이 좀 더 여유로웠더라면 과연 당면한 여러 문제가 해결되었을 것인가 하는 것이다. 사대적 허영심이 그대로 살아 있고 비교의 착각이 난무하는 이 상황에서 단지 경제적 조건에 여유가 있다고 하여 문제가 해소되었을 리는 없는 것이다. 여유로운 조건 자체에서 오는 질환은 또 어떻게 감당했을 것인가? 그러니 사람의 철저한 자각과 성찰이 있기 전에는 백약이 무효라고 할 수 있다. 병의 원인을 살려두고 보약을 복용한다 한들 사람을 보補해주기보다 오히려 병을 보해주는 일도 얼마든지 있는 것이다. 그리고 보면 경제건설을 위해서는 먼저 정신의 각성이 없고서는 도저히 안 될 말이다. 그렇다고 하여 경제적 궁핍이 바람직한 조건이란 이야기는 결코 아니다. 우리는 모름지기 힘써 이 지경에 이른 경제난을 극복하지 않으면 안 된다. 지금 경제적 궁핍은 너무도 절박한 문제가 되고 있고 이것이 우리 사회의 혼란을 부추기고 있는 것 또한 사실이다.

　경제 문제 가운데 특별히 마음 아픈 것은 거리에 실업자가 넘쳐나고 있는 현실이다. 그중에서도 인텔리 실업자 문제는 정말 심각하다. 맹자 말씀에 항산恒産이 있어야 항심恒心이 따른다고 했다. 무항산無恒産이면 무항심無恒心이란 것이다. 요샛말로 하면 안정된 직업이 없으면 믿음직한 심정을 가지기 어렵다는 뜻이다. 누구에게나 적용되는 말은 아니라고 하겠지만 일반적인 세태를 평할 때는 맞는 말이라고 할 것이다. 고대의 사정에 비해 현대의 사정은 이 점에서 더욱 두드러진 면이 있는 것 또한 사실이다. 인텔리 실업군이라고 하면 믿음직한 심정을 가지지 못한 지식인의 무리란 뜻인데 정말 마음이 숙연해진다. 믿음직하지 못한 심정과 자포자기의 심정과는 과연 얼마나 차이가 나는 상태일 것인가?

실업자 문제에는 물론 원인이 있을 것이다. 거기에는 사회적 타성, 정치의 태만, 교육의 잘못, 또 개인의 불찰까지 개입되어 있을 것이다. 그러나 우리는 과거의 허점을 들추는 데 골몰할 일이 아니라 모름지기 문제를 해결하고 미래를 개척하는 데 힘을 기울일 일이다. 이것은 어떤 개인이 의견을 내는 그런 수준에서가 아니라 반드시 국가의 시책으로서 해결해야 할 과제다. 먼저 보건사회부[9] 당국이 나서서 전국의 실업자 통계부터 작성하고 관련 부처와 협조하여 처리해나가는 것이 순서가 아닐까 여겨진다. 지금까지 이런 일이 체계적으로 이루어진 적이 거의 없다. 보건사회부는 부처의 가장 중요한 과제가 국민의 취업 문제라는 점을 분명히 인식할 필요가 있다. 실업 문제에 관해 여기서 더 이상 천착할 계제는 아닌 것 같다. 다만 이것이 또 하나의 혼란을 가중시키고 있다는 점만은 지적해두고자 한다.

그리고 또 하나 간과할 수 없는 사실은 건국 이래 이른바 양대 정권이란 것이 엄청난 혼란을 우리 사회에 안긴 장본인이란 것이다. 그 점에서 그들에게 불후의 공로를 인정하지 않을 수 없을 것

---

9) 지금의 보건복지부를 가리키는 말이다. 물론 당시에는 고용노동부가 따로 없었다.

이다. 그러기에 5·16혁명정부 당국자가 지금 어떤 어려움에 처해 있다는 것쯤은 우리가 충분히 이해할 수 있다. 비유해서 말하자면 그 속은 이런 것이다. 여기 중병에 걸린 사람이 있는데 무식한 의사들이 오진을 하여 엉뚱한 투약을 하고 있으면 병이 나을 리 없고 오히려 악화되는 수밖에 없다. 환자의 생사여부에 관심을 두지 않고 시간을 끌고 있으면 결국 의사의 잘못이 드러날 것은 자명한 이치이다. 그러나 환자가 다른 사람이 아닌 부모라면 의사 잘못이나 꾸짖으면서 시간을 끌 수는 없는 것이다. 병세가 워낙 위급할 때는 효심이 있는 자식이 손가락을 깨물어 피를 환자의 입에 물리는 예도 있는 것이다.

우리 정국이 말하자면 바로 그런 상태라고 할 수 있다. 워낙 환자의 병이 위중한 데다가 잘못된 진단과 치료가 거듭되다 보니 이제 병은 거의 치료가 불가능한 지경에 이른 것이다. 바로 이런 엄중한 시간에 자식이 손가락을 깨무는 심정으로 5·16혁명정부가 나타난 것이다. 그들의 비통한 결의와 충심, 순결한 양심과 용감성을 존경해 마지않으며 의술까지 명의의 솜씨를 발휘해주기를 바란다.

지성至誠이면 감천感天이라고 했다. 지극한 정성이 천지신명을 감동시킨 사례는 우리 역사 속에 얼마든지 있다. 천지신명을 감동시킬 뿐 아니라 정성을 다하는 본인 자신이 절로 신령스럽게 되어 지혜와 용기까지 얻게 되는 것이다. 신라 때 김유신 장군이 하늘에 기도하고 원을 세움으로써 특별한 용기와 지혜를 얻게 된

사례가 있다. 조선조 현종顯宗 때의 선비 이의립李義立이 지극한
정성으로 기도한 끝에 철鐵의 광맥鑛脈을 찾았다는 기록도 있다.
이런 일은 그냥 지나간 설화 정도로 여길 사안이 아니다. 언제라
도 지성이면 그런 일이 가능한 것이다. 우리는 이 점을 확신할 필
요가 있다.

　지금 우리 앞에는 어려운 과제가 첩첩으로 쌓여 있다. 그러나
우리는 이것을 극복할 수 있다는 확신을 가져야 한다. 그 비법은
오직 우리의 정신 속에 잠재해 있는 지성이다. 지성이면 이루지
못할 일이 없다. 이것은 단순히 사람들을 독려하기 위한 말이 아
니다. 만고의 진리를 전하는 것뿐이다. 그러니 우리는 모름지기
우리 자신의 자세부터 잘못되지 않도록 단단히 주의하여 관리할
필요가 있다.

　그리고 특별히 바라는 것은 위정 당국자의 지성이다. 그들이
모든 일에 지성으로 임해주기를 진심으로 바란다. 측은심을 바탕
으로 하는 어진 정치, 사람을 알아보는 능력, 대중을 감화시키는
힘, 그 어떤 것도 다 지성이면 가능한 것이다. 거듭 쓴소리를 하
는 충정이 이해되기를 바란다. 그런데 살림하는 여성들의 말을
들어보면 도대체 남이 살던 살림을 내가 맡아 하려고 하면 그렇
게도 어렵다고 한다. 이것은 반드시 이전의 살림살이가 잘못되어
서 그런 것이 아니라 맡아 하는 이의 솜씨, 취미, 규모가 서로 다
르기 때문에 그렇게 되기 쉽다. 거기에 더하여 만약 잘못된 살림
살이를 물려받았다면 어려움은 몇 갑절이나 더할 것이다. 그러니

의사가 덧내놓은 병을 치료해내려면 약간 그릇된 남의 살림을 받아 사는 정도가 아닐 것이다. 더욱이 한 국가의 살림이란 원체 한 집안의 그것에 비교할 바도 아닌 터에 한국의 현재 시국은 중환자의 치료와 견줄 바도 아닌 것이다.

우리나라 건국 초기에 위정 당국자들이 정치 현실을 정확하게 파악하여 그것에 적합한 정책을 폈더라면 지금 건국의 기초쯤은 닦여 있을 터이다.[10] 이에 이李[11]와 장張,[12] 양대 정권의 책임을 엄중하게 묻지 않을 수 없다. 그러면 너무도 궁금한 것이 있다. 이 두 정권이 불러온 혼란상의 주된 원인이 무엇인가 하는 것이다. 흔히 사람들은 독재, 인사의 난맥, 태만, 부정부패, 무책임 등을 지적한다. 그러나 따지고 보면 이런 것들은 부차적인 요인이 될 뿐 주된 원인이라고 보기 어렵다. 주인主因은 엄연히 따로 있다. 이것에 대해서는 나중에 따로 본격적으로 논의할 기회가 있을 것이다. 다만 아무리 바쁘다 해도 실을 바늘 허리에 매어 바느질을 하지는 못할 것이라는 점을 지적해두고자 한다. 앞에 가는 수레가 엎어지는 건 앞에 가는 탓이 아니라 엎어지는 조건이 있기 때문일 것이다. 그러므로 뒤에 가는 수레가 엎어지지 않으려면 어째서 앞에 가는 수레가 엎어지는지 그 조건을 살피는 데 게을리

---

10) 범부의 연보에 따르면 그는 이 발언을 1962년의 시점에서 하고 있다. 그것은 광복 17년에 해당하는 해이며 1961년에 일어난 5·16군사정부가 2년째를 맞는 시간대였다.
11) 이승만李承晚 정권(1948~1960)을 가리킨다
12) 장면張勉 정권(1960~1961)을 가리킨다.

하면 안 된다. 뒤에 간다고 해서 방심할 일은 아닌 것이다. 실은 꼭 바늘귀에 꿰어야만 바느질이 될 터이다. 그런데 도대체 그 바늘귀는 또 어디 있는가? 우리는 모름지기 이 바늘귀를 찾아내지 않으면 안 된다.

우리는 지금 6·25동란의 여진이 아직도 매섭게 흩어져 내리고 있는 상황에 놓여 있다. 전쟁의 여파란 세계 어디서나 가혹한 것이다. 더욱이 우리의 경우는 우리나라 판도 안에서 세계적 전선이 펼쳐진 형국이다. 두 군대가 양쪽에서 싸우는 경우가 아니고 세계 여러 나라의 군대가 이 국토에 몰려와 피가 터지게 맞붙은 것이 어제 그제의 일이다. 그 혼란상이야말로 과연 현기증을 일으켰던 것인데 그것이 지금 많이 진정된 기미가 있어 그나마 다행스럽기도 하다.

세계 여러 나라의 군대가 연합하여 한국군을 지원하게 된 것은 역사에서 처음 있는 일로서 일대 사건이라 하지 않을 수 없다. 유엔의 결의에 따라 성립된 국제연합군이 그 첫 번째 사업을 이 나라에서 수행하게 된 사실을 우리는 가볍게 보아서는 안 된다. 그것이 비록 역사적이고 국제적인 대세 가운데 성립된 객관적 사실이긴 하지만 그 혜택을 입은 우리로서는 우방 여러 나라에 대해 감사하는 마음을 가지지 않을 수 없다. 하물며 그들이 귀중한 생명까지 이 나라의 전쟁터에서 희생의 제물로 바친 마당에 우리는 오래도록 그것을 기억하고 추념할 의무를 지게 된다. 그들이 제공한 경제원조 또한 우리에게 많은 도움이 되었기에 쉽게 잊어서는 안 될 일이다.

어쩌면 우리 사회에 혼란을 가져오는 가장 큰 요인에 대해 말할 차례가 온 것 같다. 그것은 누구나 짐작할 수 있듯이 공산주의 문제라고 할 것이다. 공산주의 문제는 한국에서뿐 아니라 이미 세계적으로 두통거리로 떠올라 있는 형편이다. 실로 인간 존엄성에 대해 관심을 가지는 사람이라면 누구나 그들의 음흉한 계략 앞에서 우려를 금치 못할 것이다. 그들은 무력의 면에서 뿐 아니라 사상의 면에서, 개인의 면에서 뿐 아니라 집단의 면에서 전선戰線을 형성하고 있다. 그 전선은 세계적으로 뻗어 있다. 공산주의자들이 그들만의 독특한 조직, 훈련, 권모술수를 가지고 세계적 전선을 형성한 지는 실로 오래 되었다. 그러므로 전략의 요체를 지피지기知彼知己하는 것이라고 한다면 저쪽이 이미 세계적 전선을 형성했다면 이쪽도 그렇게 해야 할 것이고 저쪽이 이미 조직과 훈련을 마친 상태라면 이쪽도 마찬가지로 해야 하는 것이다. 그러니 저쪽이 무력을 행사할 때는 이쪽 역시 무력으로 제압에 나서는 수밖에 없는 것이다.

우리 한국만 해도 이미 사실상 세계적 전선의 일환이 되고 있다. 무력적 측면에서 반공反共하는 문제는 군과 검찰과 경찰의 책임이고 지금은 그들의 전문성을 신뢰할 만한 단계에 이르렀다. 그런데 오히려 더 중요한 사상적 측면에서의 반공이 허술한 편이다. 예로부터 싸우지 않고 이기는 것이 상책이라고 했다. 그러니 병략兵略보다는 정략政略이 우위에 있다는 뜻이다. 오늘날 대공전략이 꼭 그렇게 될 수밖에 없다는 의미이다. 저쪽은 이미 모략과 술수를 포함한 사상전선에 총력을 기울이고 있다. 따라서 이쪽은 무엇보다 먼저 저쪽의 내막을 파악하고 있을 필요가 있다. 볼셰비키의 우두머리 레닌의 속마음은 이런 것이다.

먼저 동유럽의 여러 나라를 전취戰取하고 그 다음은 아시아의 수억 인민을 흡수하고 최후에 자본주의의 아성인 아메리카를 점령한다. 그런데 그것을 무력을 써서 할 필요는 없다. 아메리카쯤은 익은 과실처럼 우리 당의 손으로 떨어져 들어올 것이다.

공산주의자들이 획책하는 음모에는 반드시 궤변과 사기가 들어 있다. 이것을 그냥 두면 안 된다. 이를테면 겉으로 보아 무력을 사용할 필요가 없는 것 같은 상황에서도 무력의 대비를 소홀히 하면 안 된다. 그랬다가는 반드시 음모의 그물에 걸리고 만다. 도대체 음모에 대비하려면 언제나 앞면과 뒷면을 아울러 살펴야 하는 것이다.

몇 년 전에 미국의 실업인 시찰단이 소련을 방문했을 때 당시 공산당 서기장 후르시초프는 다음과 같이 말했다.

공산주의는 자본주의를 멸망시킬 것이오. 그것은 원자폭탄이나 수소폭탄을 사용해서가 아니고 이데올로기를 사용해서 하는 것이오. 우리는 내일 태양이 동쪽 하늘에서 떠오를 것을 믿는 것처럼 그것을 믿는 것이오. 우리는 우리의 이데올로기에 먹음직한 버터를 발라두기만 하면 일은 저절로 끝나는 것이오.

후르시초프의 이 몇 마디 말 속에 실은 볼셰비키의 행태가 환하게 다 드러나 있다고 할 수 있다. 손님 앞에서 마구 부리는 만용, 음모 섞인 야유, 상대를 제압하려는 위압적인 자세, 어느 것하나 볼셰비키의 본색 아닌 것이 없다. 후르시초프는 또 몇 년 전에 "공산주의는 필승을 기한다. 그런데 우리는 전쟁까지 할 필요는 없다. 평화경쟁만으로도 넉넉히 이길 수 있다."고 말했다. 후르시초프는 "…그러나 우리 공산주의의 전력이 조금이라도 약화될 것으로 생각한다면 그건 큰 착각이다. 이데올로기 투쟁을 위해서 무장해제 따위의 말은 당치도 않다. 우리는 어디까지나 완전한 전승戰勝을 하자는 것뿐이다."라는 말도 했다. 벌써 수십 년전에 마니루스키란 볼셰비키는 다음과 같은 발언을 남겼다.

우리는 전략의 일환으로서 눈에 번쩍 뜨이는 평화운동을 전개하여 먼저 아메리카의 자본가들을 최면으로 몰아넣는다. 우리는 지금까지와 다른 수단을 강구하여 혹시 양보할 수도 있다. 그러면 우매하고 퇴폐한 자본주의국들은 제 자신의 파멸인 줄 모르고 기쁘게 협력할 것이다. 저들은 우리와 화친하기 위해 힘써 접근해 올 것이다. 그래서 저들의 경계가 해이해지는 틈을 타서 민첩하게 우리의 굳센 주먹을 내리칠 것이다.

이런 발언을 보면 평화공존이란 결코 요즘에 나온 말이 아니다. 일찍부터 저들이 지니고 있던 고등병법으로서 시기를 보아 나타나는 분장술에 지나지 않는다. 공산주의자들은 정면을 노출할 필요가 있을 때 어느 누구보다 당당하게 또는 당돌하게 정공작전법正攻作戰法으로 주장을 편다. 또 다른 상황에서 공산주의자들은 이름을 숨길 뿐 아니라 사용하는 용어도 바꾼다. 때에 따라 저들은 반공산주의자의 가면을 쓰기도 한다. 가령 이쪽에서 두 세력이 분열하여 대립하는 기미가 있는 것을 눈치챌 때는 양측에 스파이를 잠입시켜 돈이 필요하면 돈을 써서라도 사태를 악화시키는 것이 저들의 상투적인 수법이다. 저들은 신문, 라디오, 텔레비전 같은 대중매체를 활용하여 상대 측의 대립을 격화시기도 한다.

　진짜 공산주의 이데올로기의 신봉자는 경제적 이익이나 명예를 추구하지 않으며 오직 공산주의 이데올로기의 침투라고 하는 근본 대의에 헌신한다. 저들의 위장 기술은 정말 놀랍다. 저들의 언어나 행동의 변장술에 대처하기란 정말 어렵다. 가령 보수파 내부의 분열을 도모하는 방침이 결정되면 저들은 스스로 보수파 인사로 분장을 하고 보수파 간부들의 야심, 경쟁심, 시기심 등을 자극한다. 가령 혁신파나 노동운동가에 접근할 때는 은근히 공산주의의 위력을 암시하고 동정적인 자세를 보인다. 그렇게 해두면 지위를 유지하지 않으면 안 되게 생긴 좌파 인사나 노동단체의 지도자는 이념적으로 공산주의를 용납하지 않지만 이익을 위해 공산 세력과 타협하는 길로 미끄러지게 되는 것이다. 그렇게 일단 미끄러지게 되면 그때는 벌써 공산당의 손안에 든 물건이 되어 있다.

저들은 침투 대상을 가리지 않는다. 국회, 정부, 학원, 학술단체, 언론기관, 문학과 예술단체, 노동단체, 종교단체, 각종 사회사업단체, 여성단체, 청년단체, 체육단체, 오락단체, 농민사회, 어민사회를 가리지 않고 접근한다. 이것이 바로 저들이 전선을 넓혀가는 수법이다.

몇 년 전에 중공의 주은래周恩來가 남긴 말이 있다. 그는 이렇게 말했다.

우리는 모름지기 인간이 가지고 있는 모든 약점을 이용해서 공산주의의 이데올로기를 침투시켜야 한다.

이것은 결코 주은래의 독창적인 생각이 아니다. 이것은 공산주의의 전략적 원칙에서 나온 것이다. 이것과 관련하여 레닌은 다음과 같이 말했다.

먼저 적이 가지고 있는 도의심을 파괴하는 것이 중요하다. 그건 도의적 퇴폐가 진전됨에 따라 우리의 공격수단은 점점 쉬워지기 때문이다. 적은 퇴폐의 길을 걷고 걸어 자꾸만 약화된다. 그러다가 드디어 붕괴되는 시점에 이르렀을 때 일격을 가해 끝장을 내고 마는 것이다.

레닌은 처음부터 "약속이나 조약 따위는 원래 파기하기 위해서 있는 것이다."라고 선언했다. 또 공산주의자들은 모스크바 방송을 통해 "공산주의자로서는 공산사회를 건설하는 데 필요한 일이라면 그 어떤 행위를 불문하고 도의적이다."라고 떠든 적도 있다.

이 정도면 저들의 속마음을 넉넉히 짐작할 수 있을 것이다. 사실 공산주의 지도자들의 이런 유의 발언은 그 예를 들자면 한이 없다. 그리고 백 번 듣는 것이 한 번 보는 것만 못하다는 말이 있다. 6·25동란 때 우리는 북한군의 거칠고 사나운 위세를 경험한 바 있다. 저들은 지나간 곳마다 만행의 흔적을 남겨 남한의 민중으로 하여금 공산당의 실체를 알게 했다. 그래서 4·19 이후 5·16 이전의 기간 동안 우리 사회에 반공정신이 해이해진 틈을 타고 공산계열이 우글거리며 마구잡이로 날뛸 때 북한군이 지나가지 않은 지역에서 그들의 활동이 특히 심했다는 사실은 무엇을 의미하는가? 우리는 이런 현실을 주의 깊게 관찰할 필요가 있다. 공산당을 직접 겪어본 사람들은 흔히 이렇게 말한다.

지내보지 않고는 잘 모릅니다. 상상만으로는 도저히 알 수 없어요. 말로 다 표현할 수 없지요. 중공패들은 조금 덜했습니다. 북한군의 잔혹성은 정말 심했습니다. 그러나 저러나 중공패나 북한군이나 다 사람이라고 해서 함께 살기는 어렵지요.

사실 이런 말은 도처에서 들린다. 그리고 과거에 공산주의 이론에 접근하여 그쪽으로 상당히 기울었던 지식인으로서 6·25동란을 겪고 나서 달라진 경우도 흔히 있다. 이들은 처음에 공산당의 정책이나 행동을 비난하고, 다음은 그들의 원칙과 이론에 의심을 품고, 나중에는 정신이 번쩍 들어 "과연 사람으로서는 못할 일이다."라고 고백한다. 광복 후 남한의 인텔리 80퍼센트가 좌경했다는 말이 있었다. 80퍼센트라고 하지만 그 가운데 극소수 골수 공산주의자를 제외하고 나머지는 그럭저럭한 부류였다. 그들은 시간이 지나면서 크게 표나지 않게 슬그머니 전향의 길을 걸었다. 일이 이렇게 돌아간 것은 주로 6·25 덕분이다. 그것은 당국의 단속이 주효한 것도 아니고 새로운 사상적 확신이 생겨서도 아니다. 그들이 의식의 변화를 가져온 것은 주로 6·25동란 당시의 생생한 경험 때문이다. 남한 민중이 공산주의자들의 반인간적 실천을 지켜본 것은 그들에게 큰 선물이다. 이것은 인텔리들이 경험도 없이 공산주의 이론만을 날것으로 습득하여 유쾌한 상상의 나래를 펴는 경우와는 차원이 다르다. 당시 공산주의자들의 행태는 남한 민중에게 원서原書 중의 원서라 할 것이며 인텔리의 이론적 지식은 번역 중의 번역이라고 할 것이다. 잘못된 번역은 큰 폐해를 낳는다. 6·25동란을 통해 남한 민중이 피흘려 습득한 공산주의자들에 대한 원서적 지식은 세계 그 어느 나라 지식인의 번역적 지식보다 훨씬 정확하다는 데는 추호의 의심도 가질 여지가 없다.

또 하나 알 것 같기도 하고 모를 것 같기도 한 현상이 있다. 현해탄을 건너서 밀려오는 독가스를 한국의 인텔리들이 코를 내밀고 들이마시는 품을 두고 웃어야 할지 말아야 할지 모를 지경이다. 그들은 일본의 독가스가 마치 신선한 공기나 되는 것처럼 들떠서 야단법석이다. 그 독가스란 다름 아닌 일본 학자들의 중역重譯 지식을 말한다. 우리는 이것을 알아야 한다. 도대체 일본의 국가 현실은 우리 한국의 그것과는 달라도 많이 다르다는 것이다. 우선 그들의 무역정책 하나만 두고 보아도 중공의 중국대륙을 가볍게 볼 수 없는 입장이다. 본의가 아니라고 하더라도 용공적인 추파를 던지지 않을 수 없을 것이다. 중국대륙의 시장뿐 아니라 아시아의 중립적 경향을 가지는 다른 크고 작은 여러 나라가 다 무역의 대상이 되지 않으면 안 되는 현실이다. 그러니 일본의 현실 자체가 우리 한국과는 같은 사상 정책을 펼 수 없는 처지에 있는 것이다. 이와 같은 일본의 사상계 현실은 그렇지 않아도 약점만을 노리고 있는 공산당에게 일본 인텔리들을 산 채로 붙잡을 수 있는 기회를 제공한다. 이와 같은 조건이 일본 사상계의 혼란과 공산주의 이데올로기가 널리 퍼질 수 있는 온상이 된다.

일본의 현실이 이렇다 보니 일본의 출판계에는 실로 별별 일이 다 벌어진다. 신문 잡지와 같은 대중매체나 개인 저서 할 것 없이 공산주의 이데올로기의 독한 냄새를 풍기는 경우가 허다하다. 그 빨간 정도가 짙기도 하고 연하기도 하다. 심지어 일부 사전류나 과학도서까지 자세히 들여다보면 제시된 차례와는 상관도 없이 내용의 어딘가에 공산주의 이데올로기의 독가스를 숨겨두고 남모르게

조용히 풍기고 있는 것이다. 저들의 전략은 과연 마술적이라고 할
수 있다. 일본의 출판계 현실이 이렇다 보니 과연 우리가 일본 책
을 어떻게 다루어야 할 것인지 문제가 아닐 수 없다.

그러나 한편 우리가 주의를 하고 독서하는 방법을 체득하기만
하면 크게 염려할 일은 아니다. 일본 책의 경우는 말할 것도 없
고 소련이나 중공의 책도 주의를 하고 가려서 보기만 하면 해독
을 피할 수 있다. 왜냐하면 우리는 이미 6·25 때 화를 입은 경험
이 있으므로 원서를 직접 읽은 실력을 가지고 있다. 책은 사실과
진리를 알기 위해 읽는 것인데 이미 그것의 깊은 데를 꿰뚫어 알
고 있는 우리로서 특별히 일본 책의 해독을 염려할 일은 아니다.
우리는 이미 이 방면의 권위자라고 할 수 있다. 말하자면 남한의
민중은 공산주의 이데올로기에 관한 한 살아 있는 원서의 독파자
들인 것이다. 이런 실력을 바탕으로 삼으면서 외지에서 들어오는
번역서는 가볍게 참고하고 타산지석他山之石으로 삼으면 그만일
것이다.

내가 이미 가지고 있는 원서는 책장을 덮어두고 잡다한 번역서
만 잔뜩 읽는다면 식자우환識字憂患의 불행을 겪게 된다. 이런 일
은 정말 조심할 일이다. 요즘 일본 책을 즐겨 읽는 지식인들의 행
태를 볼 것 같으면 가관인 면이 있다. 일본 책을 읽어서 얻은 견
문을 제법 신선한 지식인 양 뽐내기까지 한다. 심지어 그와 같은
일본 사상계의 경향을 자세한 비판을 거치지도 않고 마치 무슨
세기적 사상의 돌파구라도 되는 것처럼 맹목적으로 따르는 부류

도 있다.

　번역 지식을 추수하는 사대적事大的 관성慣性을 조심할 일이다. 우리는 모름지기 원서 읽는 습관을 길러야 한다. 현실이라고 하는 최고의 원서를 읽는 안목을 가져야 한다는 말이다. 앞에서 성호 이익 선생의 『성호사설』에 나오는 말씀을 소개한 적이 있다. 우리나라 학자들이 글을 짓는 데는 민첩하면서도 현실을 관찰하는 데는 우둔하다는 지적이었다. 말하자면 글이 어떻게 하면 현실을 바로 전달할 수 있을까 하는 데 주된 관심이 있는 것이 아니라 어떻게 하면 글을 정교하게 다듬는가에 온 정신이 다 팔려 있는 세태를 꼬집어 말씀한 것이었다. 지금 내가 원서 지식을 강조하고 번역 지식을 경계할 것을 거듭 주장하고 있는 것도 선생의 이백 년 전 한숨을 오늘도 그대로 쉬고 있는 셈이다. 그러나 선생은 당시의 건전하지 못한 학풍을 개탄하는 정도였지만 지금은 사정이 또 다르다. 지금은 죽고 사는 것이 달린 위태한 고비에 와 있는 신세로서 자신의 발등에 떨어진 불은 털지 않고 한길에 지나가는 사람들의 눈치만 살피고 있으니 이 일을 어쩌면 좋을 것인가? 불덩이가 떨어진 발은 분명히 남의 발이 아닌 내 발이다. 일본의 발이 아니고, 유럽이나 미국의 발도 아니고, 또 중국이나 인도의 발도 아니다. 오직 한국의 내 발인 것이다. 지금 내 발등이 자꾸 타들어가고 있는데 길 가는 사람들의 흉내 내기에 바쁘기만 하니 과연 앞으로 우리의 신세가 어떻게 될 것인가를 묻지 않을 수 없다.

4. 도의道義 건설과 도의 파괴

우리가 분명하게 챙겨야 할 일이 있다. 이것을 우리는 늘 마음속에 담아두고 경계를 게을리하면 안 된다. 이 과제 역시 공산주의의 부정적 영향에서 파생하는 것이라고 할 수 있다. 광복 후 한동안 국내에서 공산주의자들이 득실거릴 때 유림儒林의 일부가 붉게 물들어간 일이 있었다. 의관을 차리고 앉아 매일 논어와 맹자를 읽는 백발의 유자儒者가 후배 젊은이를 보면 아무렇지도 않게 이런 취지의 말을 건네는 것이었다.

자네 좌익이냐, 우익이냐? 알고 보니 그 우익이란 패들은 다 도적놈들이야. 아니, 그 옛날 하은주夏殷周 삼대 때의 정전제井制[13]

---

13) 원래 정전제는 중국의 하·은·주 삼대에 실시되었다고 하는 토지제도로서, 일 리一里 사방의 토지를 우물 정井자 모양으로 아홉 등분하여 중앙의 한 구역은 공전公田으로 하고, 주위의 여덟 구역은 사전私田으로 하였다. 그 사전은 여덟 농가에 나누어 사유로 맡겨 경식耕食하게 하고 공전은 여덟 집에서 공동으로 경작하여 그 수확을 국가에 바치도록 하였다는 것이다. 『한국사대사전』 하권, 이홍

를 회복하겠다고 하는 갸륵한 생각을 가진 사람들이 좌익이다. 그런 사람들을 반대하다니, 우익이란 정말 괘씸한 놈들이다.

이런 웃지 못할 일은 나 자신도 한 번씩 지켜보곤 했던 것인데 만약 이런 사람들이 요즘 중공에서 나온 책들을 보게 되면 쾌재를 부르고 엉덩이를 들먹거릴 것이다. 왜냐하면 중공에서 나오는 공산주의 서적은 번역된 서양서를 많이 인용하지 않고 중국 고대 경전에서 마음에 드는 구절을 뽑아내 공산주의를 그럴듯하게 포장하고 비호하기 때문이다. 아직까지 미처 공산주의 서적을 볼 기회가 없었던 사람이 이런 중국 고대경전을 원용한 공산서적에 노출되는 때는 십중팔구 홀리게 된다. 정말 중국 경전에 밝은 선비라면 쉽게 속을 리도 없지만 설익고 어정쩡한 경우가 문제이다. 이런 현실은 한국의 독자에게만 있는 것이 아니다. 지금 중공의 독자들도 마찬가지 현실을 맞고 있다. 정신 차리지 않으면 공산주의자들이 파놓은 책의 함정에 빠지기 마련이다.

중국의 대표적인 경전이라면 『시경』·『서경』·『주역』·『예기』·『춘추』와 『논어』·『맹자』를 꼽을 수 있다. 이 경전들에 일관되게 드러나는 정신은 첫째 삼재사상三才思想이고 둘째 덕교사상德敎思想이다. 삼재사상이란 쉽게 말해 하늘·땅·사람 이 세 가지가 서로 대등한 위치에 있는 실재實在라는 것이다. 이 삼재적

직 편저(교육도서, 1992), 1665쪽을 참고하라.

우주관의 근본 뜻은 무릇 이 우주에서 제일 큰 것이 하늘과 땅인데 이렇게 절대적인 하늘과 땅의 가운데 사람이 배치되었다는 것이다. 오경 중에서 철리哲理가 가장 깊은 주역에서 팔괘八卦의 삼획三劃인즉 그 하下는 땅을, 그 상上은 하늘을, 그 중中은 사람을 배치하고 있다. 이렇게 배치된 세 획이 곧 삼재를 상징하는 것이다. 깊이 들여다보면 삼재사상은 과연 엄청난 사상이다. 어떻게 걸어서 다니는 보잘것도 없는 사람이란 존재가 하늘·땅과 대등한 지위에서 그 중간에 배치될 수 있단 말인가. 이것이 과연 인존사상人尊思想이란 것인데 아마 동서양을 통틀어 이만한 것이 없을 것이다. 이 삼재관三才觀에 바탕을 둔 인존사상이야말로 중국의 정통 정신으로서 예로부터 사상계를 다스려왔다.

맹자 말씀에 "죄 없는 한 사람을 죽여서 천하를 얻는다 해도 그렇게 하지 않는다."고 했다. 참으로 공감이 가는 말씀이다. 맹자의 본뜻은 사람은 죽이지 못한다는 것이다. 그런데 맹자가 탕무湯武의 혁명을 찬양하는 걸 보면 죽이는 것을 완전히 부인하는 것은 아니다. 그 깊은 뜻인즉 무죄한 사람은 사람인 반면 하늘과 사람에 죄를 지은 걸桀·주紂는 군주의 지위만 포기한 것이 아니라 사람의 지위까지도 상실했다는 것이다. 그러니 한때 군주이던 걸·주도 죄를 지으면 내쫓기도 하고 죽이기도 할 수 있으며 비록 이름 없는 백성이라 할지라도 죄가 없다면 천하를 얻는다고 해도 죽일 수 없다는 것이다. 다시 말하면 죄는 죽일 수 있어도 사람은 죽이지 못한다는 말씀이다. 결국 천하보다 중한 것이 사람이란 뜻이다. 천하도 사람이 있으니 천하이지 사람이 없으면 아무것도 아니다. 참으로 대단한 인존사상이 아닐 수 없다.[14]

그런데 이것은 맹자에서 출발하여 맹자에서 끝나는 사상이 아니다. 위로 오경사상五經思想이 배경이 되고 있으며 맹자가 사숙私淑한 공자와 그 손자 자사子思의 영향도 무시할 수 없다. 후대로 내려오면 하늘과 사람은 하나의 생명이라는 데로 발전한다. 사람이 하늘과 합치한다는 이 사상은 "도道에 뜻을 두는 사람은 현賢의 경계까지 바라보고 가야 하고, 현의 경계에 도달한 사람은 성聖의 경계에 이르기 위해 노력해야 하며, 성에 이른 사람은 하늘과의 합치를 위해 앞으로 나아간다."는 데까지 진화한다. 이것이 인존사상이며 진정한 유가의 전통이다.

그래서 우리나라의 동학에서는 마침내 인내천人乃天, 사람이 곧 하늘이라고 외친다. 이와 같은 동학의 외침 역시 같은 근원에서 나온 것이다. 선가禪家의 직지인심直指人心 견성성불見性成佛, 즉 교리를 캐거나 모든 계행을 닦지 않고, 바로 자기 본성을 깨달아 불과佛果를 걷는다는 사상 역시 같은 근원의 소산이다. 선풍禪風은 원래 불교의 발상지인 인도에서 유래하는 것이 아니고 중국에서

---

14) 지은이는 인존사상人尊思想을 설명하기 위해 공자 이전의 중국 고사를 활용하고 있다. 하나라 걸왕은 은나라 마지막 왕인 주와 함께 포악한 임금의 상징으로 사람들의 입에 자주 오르고 내린다. 걸왕桀王은 은나라 탕왕湯王이 이끄는 군대에게 멸망하고 주왕紂王은 주周나라 무왕武王에게 토벌된다. 이 시기의 중국 고사를 쉽게 읽으려면 다음 자료를 참고하라. 임선영, 『청소년을 위한 동양철학사』(두리미디어, 2009), 25-31쪽에 나와 있는 "공자 이전 시대 이야기".

생겨난 것이다. 선풍 역시 인존사상에서 유래하는 것임을 알 수 있다.

사람을 지푸라기처럼 가볍게 보는 것은 세계 어디서나 지탄을 받는다. 더욱이 사람을 하늘과 땅과 대등한 지위에 배치하는 인존사상의 안목에서는 사람을 경시하는 것은 가장 나쁜 짓이 된다. 그런데 만약 인간을 물질로 규정한다면 어떻게 될까? 공산주의 사전에서는 인간을 생물자원生物資源으로 규정한다. 생물자원이란 인간도 물자인 것은 틀림이 없는데 다만 생물인 물자란 뜻이다. 그러면 생물자원에는 역시 생물인 물자인 짐승이 포함되는 수밖에 없으며 특별히 사람의 지위가 따로 있지 않다.

생물자원이란 생물이냐 무생물이냐를 구별하는 분류 개념이지 물자란 면에서는 같은 개념이다. 일단 물자로 규정이 되고 나면 그 다음은 사람, 소나 돼지, 석탄, 시멘트, 탱크, 사탕이 다 경제학의 대상이 된다. 심지어 아비, 어미, 부부, 자녀, 사제까지 경제학의 대상일 뿐이다. 경제학의 대상은 물자로서 가치를 따지게 된다. 사용가치는 얼마, 교환가치는 얼마라는 식으로 값을 매긴다.

인간을 근본적으로 물자의 지위에 두다 보니 경제 사정의 변동에 따라, 물가物價에 따라 인간이란 존재는 손쉽게 처리되고 만다.

이런 사정은 저들의 언론과 행위를 보면 안다. 스탈린 시대의 전무후무한 대학살에 대한 사정은 누구나 알고 있다. 학살의 그물에 걸리지 않은 사람이 거의 없다. 죄 없는 인민대중은 물론이고 아끼던 처첩妻妾, 함께 싸우던 동지, 스승과 친구, 가장 존경해 마지않던 레닌까지 학살의 그물을 빠져나가지 못했다. 요즘 텔레비전은 아이히만 보도에 바쁘다. 세계의 눈과 귀가 거기 쏠려 있다. 아이히만이 저지른 범죄의 실상은 끔찍하다. 이것을 부정하는 사람은 아무도 없다. 그러나 스탈린의 잔학행위는 그것을 능가한다. 학살 대상, 동원된 수단, 심리의 잔인성은 인류역사에서 스탈린을 따를 사람이 없다. 문제는 스탈린의 그와 같은 잔혹성이 어디서 유래하는가 하는 것이다. 흔히 스탈린의 성격적 결함으로 돌리고 공산주의사상 자체에서 오는 것이라고 보지 않는데 나는 이 점에서 의견을 달리한다. 스탈린 개인의 책임으로 돌리려는 것은 어설픈 정신을 현혹시키려는 공산주의자들의 술책에 지나지 않는다. 가령 이런 면을 생각해볼 수 있다. 레닌은 개인적으로 성격이 비교적 원만하지만 공산주의 이데올로기를 옹호하고 지켜나가는 데는 매우 강성이었던 것으로 알려져 있다. 이데올로기의 강렬한 정도에서 레닌은 결코 스탈린에 뒤지지 않았다는 것이다. 앞에서 지적한 레닌의 공산주의적 발상을 상기할 필요가 있다. 레닌은 "먼저 적이 가지고 있는 도의심을 파괴하는 것이 중요하다. … 약속이나 조약 따위는 원래 파기하기 위해 있는 것이다."라고 말한 바로 그 사람이다. "도의심을 파괴하라." 이것은 무서운 말로서 쉽게 넘길 일이 아니다. 이 말을 가볍게 여기는 것은 역설적으로 레닌의 역사적 지위를 경시하는 것이다.

여러분이 잘 아는 『맹자』의 처음 부분을 고찰해보기로 하자. 그 첫 편 첫 장은 이렇게 시작되고 있다.

맹자가 양梁나라 혜왕惠王과 회견했을 때 왕이 이렇게 말을 꺼냈다. "선생先이 천리 길을 멀다 하지 않고 이렇게 오셨으니, 역시 우리나라를 이롭게 하여 주시려는 것입니까?"

맹자가 삼가 대답했다.

"대왕께서는 하필 이익을 말씀하십니까? 오직 인의仁義만이 나라를 통치하는 데 요긴할 뿐입니다."[15]

맹자와 양혜왕 사이의 이 대화가 어떻게『맹자』의 첫 편 첫 장에 실렸는가를 이해하는 것이 중요하다. 그것은 다름이 아니라『맹자』일곱 편 전체의 근본 뜻이 도무지 인의仁義 두 글자에 담겨 있기 때문이다. 맹자는 일찍이 당시 중국의 여러 나라를 두루 돌면서 세상을 구할 큰 뜻을 펴고자 했다. 그러나 당시의 군주들은 전국시대의 풍조에 빠져 도무지 거기서 헤어나지 못하고 있었다. 그들은 눈앞의 이해관계를 따지는 데만 바쁜 나머지 그것과 거리가 있는 이상주의적 정치관에는 매력을 느끼지 못하고 관심도 없었다. 그래서 맹자는 할 수 없이 고국 추鄒나라로 돌아와 제자들을 가르치면서『맹자』7편을 저술한 것이다. 그 1편 1장을 두고 말하면 7편 전체의 서론 격으로 그의 사상 전반을 아우르

---

15) 지은이는 한자로 된 원문을 인용하고 있다. 여기서는 풀어쓰기의 취지를 살려 번역문을 사용한다. 번역문은 다음의 자료에서 가져온 것이다.『맹자』, 이원섭 역주(삼중당, 1975), 5-6쪽.

는 것으로서 그것이 곧 인의仁義 두 글자에 나타나 있다. 뒤에 나오는 부분은 모두 이 인의 두 글자에 대한 해석에 지나지 않는다. 지금은 인의란 말이 땔나무를 하고 짐승을 치는 아이들까지 알고 있는 상식에 속하지만 맹자 당시에는 자못 새로운 표현, 새로운 주장, 새로운 학설이었다. 나아가 그것은 실로 인생관이나 경세관의 측면에서 새로운 원리에 기반을 두는 새로운 철학이었다.

그래서 당시 이 새로운 경향을 따르는 사람들을 선대의 도를 다시 천명한다는 의미에서 따로 분류하여 신이상주의자新理想主義者 그룹으로 부르기도 했다. 그렇게 되니 지식인 중에는 이 그룹 사람들을 존경하는 층이 생겼고 한편 냉소적으로 대하는 층도 두텁게 형성되었다. 아무튼 맹자의 소신은 이 인의 두 글자가 아니고는 사람이 사람 노릇을 못할 뿐 아니라 세상의 기강을 세울 수 없으며 전국시대의 혼란도 막을 수 없다는 것이었다. 맹자는 당시 여러 작은 학파들이 난립하면서 도무지 인의를 제대로 이해하지 못하고 오해와 곡해를 거듭하는 데 대해 이를 철저히 배격하면서 공자와 자사의 맥을 잇고자 했다. 맹자는 공자와 자사의 중정지도中正之道를 깊이 있게 해석하여 그것을 말과 글로 옹호했다. 그것이 맹자의 사상사적 위치이다.

거듭 말하지만 맹자는 공자도통의 정맥正脈으로서 그의 인의사상은 수천 년 동안 우리 동방의 사상계를 지도해왔다. 이런 역사적이고 사회적인 큰 판도에서 그것을 온통 무시하는 레닌은 "도의심을 파괴하라."고 외친다. 맹자는 "하필 이익을 말하는가? 오직 인의만이 나라를 통치하는 데 요긴할 뿐이다."라고 주장한다. 이것은 과연 무서운 대조이다. 한편은 도의건설을 위해 온갖 힘을 다 쏟는데 다른 한편은 도의파괴를 위해 모든 수단을 동원한다. 여기서 우리는 레닌의 사상사적 지위를 알 수 있는 것이다.

맹자가 전국시대의 혼란을 극복하기 위해 착안한 것은 인간재건이었다. 그것을 하려면 도의재건이 필요하다고 보았고 그래서 인의 두 글자를 중심사상으로 삼았다. 다시 말하면 나라를 바로 세우는 데는 먼저 건설자를 상정하지 않을 수 없는데 인간밖에는 그 소임을 맡을 존재가 따로 없다는 것이다. 그래서 인간재건이 중요하고 도의재건이 필요하다. 과연 그렇다. 진실로 도의건설이 모든 것의 전제이다. 그것이 아니고는 그 어떤 것도 불가능하다.

앞에서 언급한 그룬트비를 상기해보자. 그가 국민고등학교의 창립취지문에서 무엇이라고 했던가를 다시 한 번 챙겨보기로 하자.

이 학교의 목적은 직업교육이나 실무교육을 하려고 하는 것이 아니다. 이 학교를 세우는 목적은 농민과 일반 시민을 대상으로 덴마크 국민으로서 자각을 불러일으키고 그들 속에 고상한 정신을 심어주려는 것이다.

이것이다! 바로 이것이다! 나는 쾌재를 부르지 않을 수 없다. 그룬트비는 말한다. "이 학교의 목적은 직업교육이나 실무교육을 하려고 하는 것이 아니다." 맹자는 말한다. "하필 이익을 말하는가?" 다시 그룬트비는 말한다. "이 학교를 세우는 목적은 농민과 일반 시민을 대상으로 덴마크 국민으로서 자각을 불러일으키고 그들 속에 고상한 정신을 심어주려는 것이다." 다시 맹자는 말한다. "오직 인의만이 나라를 통치하는 데 요긴할 뿐이다." 거듭 강조하는 말이지만 진실로 나라를 바로 세우려면 먼저 건설자를 건설하지 않으면 안 된다. 건설자의 건설이란 다름 아닌 인간 건설이다. 그러면 인간건설은 어떻게 가능한 것인가? 인간건설은 다름 아닌 도의건설 그것일 수밖에 없다.

그룬트비의 교육사상, 그리고 앞에서 설명한 간디의 사티아그라하 사상을 우리는 마음속에 깊이 새길 필요가 있다. 그것은 모두 자국 국민의 심중을 울려 도의심을 고취하는 방편이었다. 이쪽 동방에서 여기 해당하는 표현을 찾는다면 천지강상天地綱常, 강상대의綱常大義, 대의명분大義名分, 춘추대의春秋大義와 같은 것이 될 것이다. 동방인이 예로부터 최고의 가치를 부여해 마지않던 정신이다. 지금 사회에서는 이런 말이 별로 감동을 자아내지 못하지만 과거에는 서민에서 제왕에 이르기까지 대단한 권위를 부여하던 것이다. 우리의 3·1운동과 국채보상운동도 같은 정신에서 나온 것이다. 어느 것 하나 도의정신을 환기시키는 것과 관련되지 않은 것이 없다. 심지어 여러 가지 잘못으로 총체적으로 실패한 히틀러의 경우까지도 그의 유겐트만은 인정하는 사람들이 있다. 당시 '조국의 흙', '민족의 피'라고 부르짖으면서 나름의 도의정신을 고취한 것이 힘을 발휘했던 것이라고 보는 것이다. 다만 그것이 지나치게 급하고 편향되게 국가지상, 민족지상으로 흐른 것이 폐단이 되고 화를 불러왔던 것이다.

여기 우리가 다시금 주목할 사항이 있다. 레닌은 "먼저 적이 가지고 있는 도의심을 파괴하는 것이 중요하다."고 말했다. 이것이 우리에게 큰 경고가 되고 있음을 알아야 한다. 미묘하고 흥미진진한 면도 있다. 공산주의자들이 적대 사회를 넘어뜨리기 위해 도의심을 파괴하는 것을 우선적인 전략으로 삼는다면 우리는 과연 어떻게 해야 하겠는가? 이편의 우선적인 전략은 무엇이 되어야 할 것인가? 도의심을 굳게 지키는 것보다 더 좋은 대책이 무엇이겠는가? 도의심을 지키는 것이야말로 적에 대한 방비책이 될 뿐 아니라 우리 사회의 건설을 위한 방법론이 된다.

공산주의자들의 전략은 그들 내부에서는 공개되고 자체 훈련의 내용으로 삼기도 한다. 하지만 상대와 대치되는 상황에서는 천태만상의 가면을 쓰고 궤변과 권모술수를 부린다. 언제 어떤 형태로 기습을 감행할지 아무도 모른다. 그와 같은 마성魔性과 살기殺氣는 말할 것도 없이 공산주의 자체의 사상적 본질에서 흘러나오는 것이다. 레닌의 심성이 부드러운 반면 스탈린은 성격이 포악했다는 식으로 말하는 것은 공산주의의 본질을 보지 않고 부차적인 요소에 집착하는 것이다. 물론 잔인무도한 스탈린의 개인적 기질이 크게 작용한 것은 사실이다. 그러나 그것만을 보아서는 안 된다. 우리는 언제나 공산주의의 본질을 주의 깊게 꿰뚫어 보아야 한다. 속담에 도적이 물건의 주인보다 지혜롭다고 했다.

명심하고 또 명심할 일이다.

  사람들은 스탈린이 레닌을 죽였다고 말한다. 동지이며 스승인 레닌을, 그것도 그가 병석에 누워 있을 때 암살을 감행했다고 한다. 그러므로 스탈린의 심리와 행동은 인간의 그것이라고 보기 어렵다고 한다. 표면적으로 보아 그것이 틀린 말은 아닐 것이다. 그러나 우리는 더 깊은 데를 볼 줄 알아야 한다. 그래서 우리는 레닌을 살해한 주범이 과연 누구인가를 새로운 시각에서 관찰할 필요가 있다. 나의 이와 같은 제안에 대해 사람들은 의아하게 생각할지 모른다. 그러나 잘 생각해보면 이것은 나의 호기심일 뿐 아니라 다른 사람들도 알고 싶은 사항일 것이다. 그러나 그것을 알아내는 일이 쉽지는 않을 것이다. 아마 세계 여러 나라의 수사당국도 해낼 수 없는 일일 것이며 심지어 소련의 게페우[16]를 동원해도 어려움에 봉착할 것이다.

  레닌 살해의 주범을 찾는 수사와 관련하여 나는 중국의 고사 한 가지를 소개하려고 한다. 때는 지금부터 2천 수백 년 전이 되는 전국시대였다. 지금으로 말하면 히틀러쯤이나 되는 고집불통의 과단정치가果斷政治家가 있었다. 이 사람의 이름은 상앙商鞅이었다. 상앙은 본디 위衛나라 사람으로서 진효공秦孝公의 신임을 얻게 되었다. 그래서 중책을 맡은 그는 진나라를 위해 서슴없이 부국강병책을 펴고 법률을 엄격하게 적용하는 정책을 시행했다. 그

---

16) G.P.U는 구소련의 비밀경찰인 국가정치보위부를 가리킨다.

결과 단시일 안에 큰 실적을 내게 되었다. 그러나 나라의 시책이 워낙 철저하다 보니 정치가 가혹하고 각박해졌다. 그 당시 진나라의 태자가 범법을 했다 해서 그의 스승인 공손가公孫賈에게 경형黥刑, 즉 이마에 먹을 넣어 형벌을 가하기도 하고, 연좌법連坐法을 번거롭고 까다롭게 적용하기도 하는 식이었다. 이렇다 보니 나라의 일은 어느 정도 잘되어가는 반면 상앙 개인에 대한 백성들의 원망이 끓어올랐다. 그런 중에 얼마 후 상앙을 전적으로 신임하던 효공이 죽고 이내 정변이 일어나니 백성들의 원망의 화살이 오직 상앙에게 쏠렸다. 이제 상앙은 어쩔 수 없이 도주를 할 판이 되었고 그렇게 하려면 진나라의 국경을 통과하지 않으면 안 되었다. 그래서 그는 진의 국경까지 달아나 국경을 넘으려고 했으나 해당 서류를 갖추지 못했다. 그는 더 이상 도망을 못하고 결국 반란군에 붙들려 몸이 갈래갈래 찢겨 국내의 여러 요소에 전시되는 꼴이 되었다. 국경을 넘는 데 필요한 해당 서류란 것도 사실은 상앙 자신이 제정한 법령에 따른 것으로서 얼마나 엄격했던지 그 어떤 예외도 허용하지 않았다. 결국 상앙은 자신이 제정한 법에 걸려 잡혀서 죽는 신세가 되었다. 그래서 후세 사람들은 상앙은 제 법에 제가 걸려 죽었다고 하는 것이다.

그러나 상앙의 사례를 좀 더 깊이 살펴볼 필요가 있다. 이 이야기는 상앙이 국경을 다스리는 법조문 때문에 죽게 되었다는 단순한 사실을 전하는 것만은 아니다. 그가 백성들의 원성을 듣게 된 것은 법을 지나치게 가혹하게 적용한 때문이었으며 그가 이처럼 너무도 가혹한 정책을 편 것은 다시 그 자신이 평소에 습득한 정치 수완이 원만하지 못했기 때문이다. 또 부국강병책을 펴면서 빠른 시간에 실적을 올리려는 야심에 불탄 나머지 비좁고 급한 마음을 먹었기 때문이다. 결론적으로 상앙이 죽은 것은 그 자신의 모질고 매서운 법 적용과 초조한 야심 때문이었다.

레닌의 경우도 마찬가지라고 생각한다. 레닌을 살해한 주범은 레닌 자신이라고 결론을 내리지 않을 수 없다. 위의 사례에서 보듯이 상앙은 분명히 반란군의 손에서 죽었다. 그러나 알고 보면 그 반란군은 하수인에 지나지 않고 거슬러 올라가 진짜 범인을 찾고 보면 다름 아닌 상앙 자신이 나타나는 것이다. 줄여서 말하면 반란군은 하수인이었고 범인은 상앙이었다.

일찍이 레닌은 "먼저 적이 가지고 있는 도의심을 파괴하는 것이 중요하다. … 약속이나 조약 따위는 원래 파기하기 위해 있는 것이다."라고 말했다. 레닌의 이 말은 당시에는 물론 적을 겨냥한 것이었다. 그는 누구보다 당내의 단결과 신의를 강조했다. 그러나 세상은 무서운 것이다. 쉽게 속아서 넘어가는 것이 세상이 아니다. 결과적으로 레닌은 목숨을 잃는 것으로 일찍이 자신이 했던 말의 죗값을 치르게 된다. 레닌의 암살 사건에는 많은 사람들이 관련되어 있다. 말할 것도 없이 스탈린은 그 주역이었다. 그러나 나는 레닌 암살의 주범은 어디까지나 레닌 자신이라고 감히 말하고 싶다.

중국고전『열자列子』에 맹수 길들이는 이야기가 나온다. 어떤 맹수 길들이는 사람이 다음과 같은 취지의 말을 했다.

맹수 길들이는 비결이 무엇이냐 하면 너무 질긴 고기를 주지 않는 것이다. 왜냐하면 맹수에게 질긴 고기를 주게 되면 맹수가 그 질긴 고기를 물어뜯는다고 살기가 돋아나고 맹성이 더욱 활발해진다. 또 살아서 펄펄 날뛰는 고기도 주면 안 된다. 왜냐하면 맹수가 살아서 펄펄 날뛰는 고기를 잡는다고 살기가 요동을 치고 맹성은 더욱 활발해진다.

반대의 경우를 생각해보자. 아닌 게 아니라 맹수에게 질긴 고기나 살아 있는 고기를 주면 맹성이 조장되어 더욱 사나워질 것은 당연하다. 한 걸음 더 나아가 만약 사람을 먹는 습관을 길러준다면 맹수는 사람 잡아먹는 것을 쉬운 일로 알게 될 것이다. 이제 맹수가 길이 더욱 잘 들면 나중에는 주인을 잡아먹고 말 것이다.

중국 명나라 말에 김성탄金聖嘆이란 매우 특색 있는 문인이 있었다. 그는 창작보다 비평가로서 우뚝 선 인물이었다. 그가 한 번은 『서상기西廂記』[17]라고 하는 희곡 작품을 평하면서 불가佛家의 "조심조심해서 원인을 짓지 말지니라愼勿造因."라고 한 가르침을

---

17) 중국 원대元代의 대표적인 희곡 작품이다. 우리나라에도 일찍이 들어와 조선 선조 이후의 문인으로 『서상기』를 보지 않은 사람이 없다 하며, 『동상기東廂記』는 『서상기』의 대치적인 번안소설이고 『춘향전』에도 『서상기』의 전고典故를 많이 인용하고 있다. 『한국사대사전』, 상권, 이홍직 편저(교육도서, 1992), 781쪽.

해석한 일이 있다. 그는 이렇게 이야기를 풀어나간다. 어떤 사람이 오래된 원수를 갚을 양으로 독한 마음을 먹고 날카로운 흉기를 몸에 품고 긴 세월 동안 음습한 곳을 노상 돌아다니며 지냈다. 그러는 동안에 이 사람의 마음가짐이나 말버릇, 몸짓이나 얼굴색이 모질고 악착스럽게 변해갔다. 그런 환경에서 사람이 용하게도 곱고 온전하게 남아 있기란 힘든 일이다. 그렇게 되니 마지막에 가서는 그 아들마저 살인강도가 되고 말았다. 과연 "조심조심해서 원인을 짓지 말지니라."고 한 불가의 교훈에 대한 그럴듯한 해석이다. 불가에서는 원체 모든 결과란 원인이 있다고 보고 끔찍하고 흉악한 결과가 두려우면 처음의 원인을 짓지 않도록 조심하라고 가르친다.

김성탄은 『서상기』의 주인공인 앵앵鶯鶯이란 처녀가 예의와 법도를 어긴 것을 불미한 일의 결과라고 본다. 그리고 처녀의 아버지인 최상국崔相國이 보구사普救寺라고 하는 절 옆에 은거를 위한 별장으로 서상西廂을 두게 된 것이 그 원인이 된다고 해석한다. 생각하면 딱한 노릇이 아닐 수 없다. 최상국은 나이가 들어 은퇴한 재상으로서 늘그막에 한가로이 몸을 정양하기 위해 산 속의 절 근처에 별장을 두었던 것이다. 그가 죽고 상여가 떠난 후에 그 부인이 딸 앵앵을 데리고 그곳에 오래 머무르게 된다. 그때 마침 장군서張君瑞란 유학을 닦는 사람이 지나가는 길에 보구사에 들르게 된다. 청춘남녀가 좋은 환경에서 만났으니 그다음이 어떻게 전개되었을지는 물어볼 필요조차 없을 것이다. 시대와 가문을 고려하면 그런 일은 말썽이고 불미한 사고가 아닐 수 없다.

김성탄은 아버지가 지은 원인이 딸의 결과를 낳은 것이라고 해석한다. 그러나 아버지로서는 이런 일이 터질 줄은 생전에 몰랐고 죽어서 혼령이 되어서도 몰랐을 것이다. 상식적으로 생각해서 김성탄의 해석은 다분히 억지가 들어가 있으며 별로 이치에 닿지 않는 면이 있어 보인다. 그러나 김성탄이 어디 보통 인물인가. 그야말로 누구보다 세상의 물정을 꿰뚫어보는 사람이다. 그는 삶이란 살아볼수록 어려운 것이며 무심히 던진 말 한마디 사소한 행동 하나가 어떤 경우에는 의외의 결과를 초래한다는 이치를 깨닫고 있었을 것이다. 개인적으로 한 많은 생을 살고 있는 김성탄으로서는 눈물어린 눈으로 삶의 깊은 데를 바라다보았을 것이다. 그런 안목에서 보면 『서상기』에서 표현된 인간사태의 시말도 그 교훈적인 의의를 찾으려면 역시 "조심조심해서 원인을 짓지 말지니라."고 한 불가의 틀에서 해석하는 수밖에 없었을 것이다.

이와 같은 이야기들에 볼셰비키 영도자 레닌을 대입하여 생각해보기로 하자. 아무리 원인과 결과의 법칙이라고 하지만 레닌과 최상국의 경우는 서로 많이 다르다. 성격이 다른 이야기이므로 더 이상 말할 필요가 없다. 한편 레닌과 복수자의 경우는 서로 비슷한 데가 있다. 복수자가 마음을 독하게 먹고 모질고 악착스러운 말과 행동을 한 것은 원수를 갚기 위한 것이었다. 그 영향이 자식에게 가리라고 생각하지 못했던 것이다. 레닌의 경우도 마찬가지이다. 레닌이 도의심을 파괴할 것을 주장하고 약속이나 조약 따위는 처음부터 파기하기 위해 있는 것이라고 부르짖은 것은 적을 무찌르기 위한 전략이었다. 그 전략을 가족, 동지, 스승에게 적용할 것을 지시한 것은 아니었다. 레닌이 스탈린에게 그 전략을 내부에서 사용할 것을 일러준 것은 더욱 아니었다. 그런데도 불구하고 스탈린은 큰 스승에게 배운 전략을 내부를 향해 유감없이 써먹었던 것이다.

레닌과 복수자 사이에는 차이 나는 점도 있다. 오히려 큰 부분에서 서로 다르다고 할 수 있다. 복수자의 경우는 자신도 모르는 동안에 영향이 흘러가 마침내 그 자식이 잘못되고 말았다. 무심한 영향의 결과였으므로 아버지로서 원통한 마음도 있었을 것이다. 그러나 레닌의 경우는 다르다. 무심한 영향 정도가 아니다. 레닌은 동지들을 의식적으로 훈련시켰다. 반복적으로 장신무장을 시키고 파괴 기술을 전수했다. 이론과 실무를 아울러 단련시켰다.

레닌은 맹수 길들이는 기술을 역으로 이용했다. 맹성을 죽여서 성질을 순하게 길들이는 것이 아니라 질긴 고기와 살아 있는 고기를 먹여 맹성이 더욱 활발하게 살아나도록 하는 수법을 사용했다. 그 결과 마침내 사람을 잡아먹고 주인까지 잡아 삼키는 초능력의 맹수로 길러졌다. 그래서 과연 레닌 자신에게 돌아온 것이 무엇이었던가?

인간이 인간을 살상하는 문제에 대해 깊이 생각할 필요가 있다. 인과의 법칙 속에서 움직인 인물들이라고 하지만 실은 최상국이나 복수자나 맹수 길들이는 사람이나 할 것 없이 인명 살상과는 거리가 멀었다. 그들은 살상을 의도하지 않았다. 그러나 레닌은 달랐다. 스탈린도 달랐다. 우리는 저들의 이런 행태에 대해 경계를 게을리해서는 안 된다.

과거에 사람이 사람을 잡아먹는다느니 자식들을 서로 바꾸어 먹는다느니 하는 이야기가 있었다. 모진 흉년이나 전쟁 중에 양식이 떨어졌을 때 일어난 불상사를 두고 하는 말이다. 또 황제가 사람을 사자 굴에 던져서 잡아먹히는 광경을 즐겼다는 이야기도 있고 사람을 죽여서 피가 흐르는 장면을 보고 침을 흘리고 입맛을 다셨다는 이야기도 있다. 이런 경우는 이미 제정신을 가진 인간은 없고 정신이상자나 귀신이 있을 뿐이다. 사람이 사람으로 보이면 그런 일을 저지를 수 없다.

우리나라의 옛 풍속에 이런 것이 있었다. 사형을 집행할 때 사형수의 얼굴에 백토즙액白土汁液을 발랐던 것이다. 인간의 얼굴을 똑바로 보면서 목을 베는 것은 차마 할 수 없는 일로 보았던 것이다. 인간의 목숨에 대해 깊이 생각하게 한다.

5. 한국인의 국가관

오늘 우리가 이 땅에서 전개하려고 하는 국민운동은 한마디로 건국운동이다. 되찾은 나라를 우리 스스로의 힘으로 일으키는 운동이란 것이다. 이를 위해서 우선 국민적 자각이 선행되어야 한다. 그 바탕 위에서 우리 현실이 요구하는 바를 수렴하여 건국의 목표를 정하고 그것을 향해 거족적으로 나아가자는 것이다. 그러면 한국 사람들은 지금까지 어떤 국가관을 견지해왔으며 앞으로는 어떤 국가관을 가꾸어갈 것인가? 이것은 국민운동의 자각적 전개를 위해 반드시 짚고 넘어가야 할 중대 과제이다.

여러분은 공부하는 과정에서 가끔 정치학 사전 같은 것을 참고할 것이다. 그런데 지금부터 내가 말하는 국가관이란 것은 여러분이 참고하는 사전에는 나오지 않는다. 국가의 완료형이니 진행형이니 하는 용어도 사전에는 없다. 이런 것은 어떤 치밀한 방법론을 거쳐서 나오는 개념으로서 주먹구구식으로 쉽게 접근해서 파악되는 성질이 아니다.

헤겔 같은 사람은 정正these · 반反antithese · 합合synthese의 원리에 의한 변증법이란 것을 제시한다. 그는 정반합의 원리는 자연과 역사에 적용될 뿐 아니라 우주 전체에 적용되는 것처럼 생각한다. 헤겔은 말한다. 여기 달걀이 있다. 이 달걀이 가만히 있으면 영원히 달걀밖에 안 된다, 이것이 테제이다. 그런데 이 달걀은 자기 부정을 통해 병아리가 된다, 이것이 안티테제이다. 그리고 병아리는 다시 자기 부정을 통해 큰 닭이 된다, 이것이 이른바 진테제이다. 거기까지는 헤겔의 논리가 통한다고 볼 수 있고 우리는 그것을 인정할 수 있다. 그런데 그 다음이 문제이다. 큰 닭은 그 다음에 어떻게 되는 것인가? 큰 닭을 부정하는 작용이 또 있어야 될 것 아닌가? 큰 닭을 자꾸 부정하고 보면 늙은 닭이 될 것이다. 늙은 닭을 다시 부정하는 작용이 또 있어야 될 것 아닌가? 글쎄 그것을 또다시 부정하고 보면 결국은 죽은 닭이 될 것이다. 그러면 죽은 닭을 부정하면 무엇이 되는가? 우리는 그것이 알고 싶다. 만약 이에 대한 답이 없다면 헤겔의 변증법적 논리는 늙은 닭과 함께 죽을 수밖에 없다.

헤겔은 식물의 경우도 마찬가지라고 보고 있다. 여기 사과 꽃이 있다. 꽃은 피어서 사과가 열리고 마침내 큰 사과가 된다. 거기까지는 정반합의 진행이 이루어진다. 그다음이 문제이다. 더 이상의 진행이 없다는 것이다. 다 익은 뒤에 사과는 나무에서 떨어질 뿐이다.

자연과 역사 현상에서 영원히 발전하는 존재란 단 하나도 확인

할 수 없다. 영원무궁하게 정반합적으로 진행하는 현상이 과연 있는가? 유감스럽게도 답은 부정적이다. 도대체 닭은 큰 닭까지가 끝이다. 사과는 큰 사과가 끝이다. 그것들이 완전히 다 크고 익을 때까지는 진행이지만 바로 그 다음부터는 진행이 아니라 퇴행이다. 그래서 노쇠하게 되는 것이고 그 다음은 죽는다. 사과는 땅에 떨어져 썩는다. 모든 자연현상이 그와 같다는 것을 지금도 우리는 눈으로 보고 있다. 역사현상도 마찬가지라는 것을 확인한다.

헤겔은 당시 프러시아의 양양한 전도와 유럽사의 전진적인 전망 속에서 한낱 관념적인 시를 읊은 것이다. 독일과 유럽의 발전이 더 이상 진행되지 못하고 멎은 것을 보면 헤겔은 과연 무엇이라고 할 것인가? 오늘 만약 헤겔이 살아 돌아와서 유럽의 위기와 독일의 재생이 논의되고 있는 엄연한 현실을 알게 된다면 이를 그는 어떻게 해석할 것인가?

신라 조각의 역사는 대체로 이천 년 정도 거슬러 올라간다. 신라 조각의 최고 전성기는 천삼사백 년 전이 된다. 그 이후는 내리막길을 걷는다. 그렇지 않고 전성기에서 계속 발전이 진행되었다면 그 끝이 어떻게 되었을지 알 수 없다. 신라 조각뿐 아니다. 그리스나 로마의 조각도 마찬가지이다. 그 이상의 진행이 없었다는 것을 역사가 말해준다.

헤겔은 진행 중인 상태를 설명하고자 한 것이다. 그런데 가장 쉽고 분명한 이치로 보았을 때 진행의 상태가 있는 동시에 완료의 상태가 있다는 것을 알게 된다. 진행 현상을 결코 부정하는 것이 아니다. 다만 완료의 현상과 함께 보아야 한다는 것을 지적해 두는 것뿐이다. 헤겔의 실수가 바로 거기 있다.

내가 이 설명을 길게 하고 있는 데는 이유가 있다. 국가에 대한 설명을 제대로 하려면 진행과 완료의 원칙을 함께 적용할 필요가 있다. 그렇지 않으면 관념적 논리에 얽매이고 만다. 헤겔이 상상한 세계제국이란 것도 실은 관념적 논리의 귀결로서 나온 것이다. 그런 논리는 국가의 정체를 제대로 파악하기 어렵게 만든다. 물론 국가도 진행원리와 무관하게 생겨나온 것은 아니다. 그러나 동시에 완료형태라는 것이 국가의 운명을 기다리고 있다는 것을 알아야 한다. 국가 발생의 초기에는 소부족국가 형태였다. 말하자면 한 부락이 한 나라였다. 이것이 진행해서 중간쯤 되는 부족국가가 성립되고 나중에는 커져서 대부족국가로 발전했다. 옛날 기록을 보면 우리 고구려 땅에 70여 개국, 신라 땅에 50여 개국, 백제 땅에 40여 개국이 있었다고 한다. 숫자는 반드시 정확한 것이라고 볼 수 없겠지만 아무튼 부족국가 시대의 모습을 말해준다.

오늘날 부산의 동래에 장산長山이란 산이 있는데 그 산 밑에 장산국長山國이란 나라가 있었다. 지금으로 말하면 두어 동네 규모였을 것이다. 그리고 지금의 동평東坪이란 동네도 당시는 동평국東坪國이었다. 이 동평국에서 군사를 일으키는 데 20명을 동원했다는 기록이 있다. 이것이 무엇인가 하면 국가발달의 진행 과정을 가리키는 것이다. 소부족국가에서 출발하여 중간쯤의 부족국가로 진행하고 다시 대부족국가로 진행해온 역사를 말해주는 것이다. 그래서 신라니 고구려니 백제니 하는 것은 일종의 대부족 국가라고 볼 수 있는 것이다.

그럼 대부족국가까지 진행하면 그것으로 끝인가? 역사는 그렇지 않다는 것을 말해주고 있다. 그 뒤에도 진행 과정이 따랐는데 거기에는 묘한 원리가 숨겨져 있다. 말하자면 역사의 진행 과정에는 역사 자체의 예정된 프로그램이 작용한다는 것이다. 사람이 미처 자각하지 못하는 동안에 역사는 자체의 프로그램에 따라 예정된 목표를 향해 진행한다는 것이다. 다시 말하면 이런 것이다. 신라, 고구려, 백제가 서로 자꾸 싸운다. 자기들은 어째서 싸우게 되는 것인지 그 역사적 비밀을 모르지만 이미 역사 자체는 민족국가의 성립이란 목표를 향해 진행하고 있다는 것이다. 이것은 사람의 의식이 아니라 역사 자체의 성격 때문에 그렇게 되는 것이다. 삼국은 서로 싸우면서도 역사적 운명을 자각하지 못한다. 백제 생각에는 고구려와 신라를 기어이 이겨야겠다는 것이고, 고구려는 어쨌든 신라와 백제를, 신라는 고구려와 백제를 이겨야 되겠다는, 그저 이겨야 된다는 한 가지 방향만을 자꾸 밀고나가는 것이다. 그때 사람들이 과연 부족국가에서 민족국가를 성립시키겠다는 어떤 자각을 가지고 싸운 것이 아니라는 말이다. 그것은 역사 자체의 예정에 따른 것일 뿐이다.

여기서 한 가지 지적할 사항이 있다. 그것은 사람들이 우리 국사를 잘못 읽고 있는 현실과 관련이 있다. 그것은 거의 상식처럼 되어 있기도 하지만 사실은 매우 잘못된 것이다. 삼국이 하나로

통일되어가는 과정에서 신라가 당과 손을 잡은 것을 두고 마치 못할 일을 저지른 것처럼 떠들어대는 것은 말이 되지 않는다. 당시 신라가 당나라 군사와 합세한 것은 사실이다. 백제를 칠 때 그랬고 고구려가 붕괴될 때 역시 그랬다. 고구려가 망하던 때는 당나라 군사가 먼저 침략하여 그 땅을 점령해가고 있었는데 신라군이 마침 쫓아가서 평양 등지를 점거한 것도 사실이다. 그런데 역사를 잘못 읽고 있다는 것은 무엇이냐 하면 신라가 타민족인 당나라와 합세하여 동족인 백제와 고구려를 칠 수 있느냐고 하는 의견이다. 이것이 틀린 주장이라는 것이다. 글자 모르는 것을 문맹文盲이라고 한다. 나는 이런 주장을 펴는 사람들을 사맹史盲이라고 부른다. 역사의 장님이란 뜻이다.

신라가 당나라 군사와 합세한 반면 백제는 과연 아무 일도 하지 않았는가? 백제는 일본과 합세하여 여러 번 신라를 침공한 일이 있지 아니한가? 그것뿐이 아니다. 백제는 저 수나라와 당나라에 장문의 건백서建白書를 보냈다. 백제는 그 건의하는 서류를 보내면서 함께 고구려를 치자고 제안했다. 그러니 당시 백제의 전략은 일본과 합세하여 신라를 치고, 수나라, 당나라와 합세하여 고구려를 친다는 것이었다. 그래서 백제를 중심으로 통일국가를 이루고자 했다. 이것은 『삼국사기』에 분명하게 기록되어 있다.

그러면 고구려는 어땠는가? 고구려는 무엇보다 중국대륙과는 강토疆土를 서로 접하고 있는 관계로 중국의 역대 왕조와 국교가 빈번할 수밖에 없었다. 가끔 서로 싸우기도 했지만 사신을 오래

그리고 자주 보내기도 했다. 그리고 말갈靺鞨[18]의 요소가 있었다.

말갈족은 당시 유목을 하면서 정착 국가를 이루지 못하고 있었는데 매우 굳세고 사납고 호전적이어서 자주 신라를 침략했다. 고구려로 말하자면 당시 삼국 가운데 최대 강국으로서 자력으로 충분했지만 역시 전략의 측면에서 자주 말갈족을 이용하여 신라를 괴롭혔다.

그러니 전체적으로 보면 이렇게 된 것이다. 백제는 일본과 합세하여 신라를 쳤고 고구려는 유목민인 말갈족을 이용해서 신라를 자주 침공했다. 그런데 무엇이 문제라는 것인가? 도대체 시비거리가 될 일이 무엇이란 말인가? 역사는 역사로서 읽으면 그만 아닌가? 우리는 이것을 알아야 한다. 그 당시는 신라, 고구려, 백제가 정립해 있는 대부족국가 시대였다. 그러니 당시의 국가 관념은 결국 부족국가의 관념밖에 없었다. 신라도 신라라고 하는 부족국가 관념밖에 없었고 백제와 고구려 역시 마찬가지였다. 아직 민족국가가 성립되기 이전이었으므로 민족이란 의식도 생기지 않았다.

당시 백제의 눈에 신라와 고구려는 적국이었다. 고구려의 눈에는 백제와 신라가 적국이었다. 신라 역시 상대에 대해 마찬가지 입장을 취하고 있었다. 그러니 백제가 일본과 합세를 하고 수·

---

18) 퉁구스족의 일족. 시베리아, 만주, 함경도에 걸쳐 살면서 속말粟末 등 7부족으로 나뉘어 있었다. 고구려가 건국한 뒤 고구려에 복속됐다. 여진족과 만주족이 이 종족의 후예이다. 『한국사대사전』, 류홍렬 감수(풍문사, 1974), 467쪽.

당과 연합을 해서 신라, 고구려를 정복하려고 한 전략은 당시로서는 능히 그럴 수 있는 일이었다. 고구려가 말갈족을 이용해서 신라를 침공한 것 역시 조금도 잘못이 아니라는 것이다. 잘못이 아닐 뿐 아니라 당시로는 그렇게 하는 것이 오히려 당연한 일이었다. 삼국은 서로 이기려고 한 것뿐이다. 따라서 신라가 당나라 군사와 합세한 것 역시 아무런 문제될 것이 없는 것이다. 무릇 역사란 원칙적으로 그렇게 진행되는 것이다.

역사의 움직임을 관찰해보면 만약 당시 삼국이 서로 싸워서 이기려고 하는 의욕이 없었다면 영원히 부족국가 형태로 남을 수밖에 없었을 것이며 민족국가의 성립이란 불가능했을 것이라는 결론이 나온다. 후대에 민족국가 성립 이전의 국가관념과 민족국가 이후의 관념을 혼동시키는 데서 여러 가지 혼란이 생기기도 하는데 우리는 이 점을 각별히 주의해야 한다. 이렇게 해서 발생하는 혼동과 혼란 가운데서 삼국시대 당시의 정치적 군사적인 여러 행태를 정치 도의적인 시각에서 논단하게 되면 역사 읽기에서 무리와 폐단이 생길 것은 자명한 이치이다. 정치사와 국가발달사를 이해하지 못하는 상태에서 역사를 재단하면 사맹史盲 노릇을 하게 된다.

이제 이야기의 본래 줄기로 돌아가보자. 닭은 큰 닭까지, 사과는 익은 사과까지 와서 완료되는 것처럼 국가는 민족국가까지 오면 완료된다. 민족국가가 국가로서 완료형이란 것이다. 그러면 여러분은 질문이 있을 것이다. 민족국가 이상으로 진행하는 제국주의국가도 있지 않느냐고 할 것이다. 그렇다, 그런 현상이 있는 것은 사실이다. 그러나 원칙적으로 국가는 민족국가로서 완료된 것이다. 제국주의국가란 일종의 일시적인 비대증이며 팽창형이라고 할 수 있다. 그런 형태가 끝까지 갈 수는 없다. 제국주의는 말기에 이르면 세력이 붕괴되고 국가는 민족국가로 환원된다. 그러니 제국주의국가란 성장이라고 볼 수 없으며 그래서 팽창이라고 한다. 부풀고 퉁퉁 부어 있다가 부기가 빠지면 원래 상태로 회복되는 것이다.

쉬운 예로서 영국을 보자. 영국은 식민지정책 면에서는 성공했지만 제국주의는 실패했다. 먼저 미국이 반기를 들었다. 그러면 미국에서 영국 제국주의는 실패한 것이다. 그리고 호주와 캐나다는 아직 영국에 소속된 자치령이라고 하지만 실은 독립국이나 마찬가지이다. 유엔에서 독립된 국가의 지위를 부여받고 있다. 영국, 호주, 캐나다는 동등한 지위를 가지는 유엔의 회원국이다. 인도와 아일랜드까지 내어놓은 마당에 이제 영국은 처음의 영국으로 돌아가는 수밖에 없다.

세계의 모든 제국주의국가가 예외 없이 같은 길을 밟았다. 일본과 독일도 예외가 아니었다. 왜 그런가? 그것은 완료형인 민족국가로 환원하는 수밖에 다른 길이 없기 때문이다. 제국주의국가가 오래 버티지 못하는 것은 도대체 성장이 아니고 팽창인 것이 그 이유이다. 민족국가를 넘어 진행된 국가 형태는 변태이며 기형일 뿐이다.

그런데 여기서 미합중국 같은 나라는 어떻게 볼 것인가 하는 문제가 올라온다. 여러 민족이 합해서 한 나라가 되었으니 이것을 민족국가라고 보기는 어려운 것이 아닌가 하는 것이다. 그러나 그렇지 않다. 미국은 이미 그런 상태에서 특성을 가진 하나의 국가를 형성하고 있다. 새롭게 성립된 특수한 형태의 민족국가이다. 일종의 특수 완료형이라고 할 수 있을 것이다. 또 다른 특수한 경우가 있다. 그것은 인도와 파키스탄의 분리 현상이다. 같은 민족이면서도 갈라섰으니 비정상적인 상태라고 볼 수 있다. 힌두교와 회교 간의 종교적 갈등이 이와 같은 기형적인 분리 상태를 불러온 것이다. 그러나 이런 경우는 어디까지나 예외이지 보통 있는 경우는 아니다. 무릇 모든 존재 현상에는 일반적인 것이 있는 것과 동시에 특수한 것이 있다. 역사에서는 이런 것이 자연스러운 현상이라고 볼 수 있다.

그러므로 국가의 발달은 민족국가까지 와서 완료되는 것으로 일단 파악해두기로 하자. 그것이 역사의 대세를 올바르게 읽는 길일 것이다. 한편 일부에서 움직임이 있는 것처럼 이런 경우도 생각해볼 수 있다. 부족국가는 민족국가로 진행하고, 민족국가는 다시 제국주의국가로 진행하는데, 거기서 제국주의국가들이 서로 싸우다가 나중에는 세계제국이라는 것으로 진행하는 것이 아닌가 하는 것이다. 이것이 헤겔식의 논리이다. 그러나 이것은 한낱 관념의 유희일 뿐 역사적 사실로서 증명된 것이 아니다. 지금까지 많은 제국주의국가들이 부침했지만 결과적으로 예외 없이 민족국가로 환원되었을 뿐이다. 제국주의국가가 팽창하여 세계 제국으로 진행한 사례가 전혀 없다.

그러나 미래를 다르게 전망하는 사람들이 있는 것 또한 사실이다. 그들은 세계사의 흐름을 다른 방향에서 바라보는 사람들이다. 일종의 몽상가들이라고 볼 수 있다. 가령 공산주의자들이 세계통일을 꿈꾼다거나 빌헬름2세나 히틀러가 세계 정복을 시도한 경우와 같은 것이다. 그 밖에도 가령 코즈모폴리턴cosmopolitan이나 어떤 관념론자들은 국가와 민족은 결국 없어지고 사해일가四海一家, 말하자면 세계가 한 집같이 되는 그런 때가 온다고 꿈을 꾼다. 그러나 국가의 개성, 민족의 개성이 사라진 그와 같은 세계국가란 이 지구 위에서 결코 실현되지 않을 것이다. 국가는 오로지 민족국가로서 완료된 것이다. 그렇기 때문에 제국주의국가는 역사의 대세 속에서 퇴장의 길을 밟지 않으면 안 된다. 현재 지구상에서 가장 강력한 제국주의 정책을 펴고 있는 나라는 소련이다. 그러나 언제인가 이 소련의 제국주의 정책마저 정리될 날이 있을 것이다. 이제 유물론이나 관념론에 기반을 둔 세계주의란 더 이상 이 땅 위에 발붙일 곳이 없다.

그럼 그다음은 어떻게 되는가? 미래의 세계는 구체적으로 어떻게 진행할 것인가? 그 답은 지금 우리 앞에 현실로서 제시되고 있는 국제국가라는 것이 세계사의 대세라는 것이다. 지금 우리는 사실상 국제국가의 생활을 하고 있다고 볼 수 있다. 현재 유엔은 큰 힘이 없는 것이 사실이지만 앞으로 강화되어야 하고 반드시 그렇게 될 것이다. 그때 유엔본부는 엄연히 국제국가의 정부가 된다. 앞으로 복잡다단한 국제관계 속에서 다소간의 기복이 있을 수 있지만 국제국가로의 진행만은 확실한 전망이 서고 있다. 그러므로 앞으로 세계에는 고립된 국가란 없어진다. 국제적으로 책임을 지고 책임을 요구하기도 하는 국가가 있을 뿐이다. 그런 상태에서 이제 제국주의는 되돌아오지 못할 것이고 민족국가의 변형도 더 이상 없을 것이다. 그렇게 되면 국가의 개성, 민족의 개성은 그것대로 유지하면서 국제적으로 서로 책임지는 국가가 성립한다. 국가 발달의 진행은 거기까지 가서 그치게 된다. 이것이 앞으로 국제정치가 진행하는 방향이다.

이제 우리 자신의 입장을 정리해보기로 하자. 우리는 모름지기 국가발달의 원리와 세계사의 큰 흐름을 정확하게 읽을 수 있어야 한다. 그런 가운데 우리나라의 진로를 모색해나가야 한다. 세계연방론과 같은 사이비 주장에 속아서 넘어가는 일이 없어야 한다. 세계연방론이란 전 세계를 하나의 연방정부하에 통합하자는 것이다. 이것은 국제정부론이 아닌 세계정부론이다. 이런 주장은 전혀 실현 가능성이 없다. 한낱 세계주의적 공상에 지나지 않는 것이다. 안타깝게도 이 움직임에 아인슈타인 같은 이도 참여하고 있는데, 대개 보면 주관적이고 인도주의적인 정서를 가진 사람들이 모이고 있다. 그들은 세계사의 흐름을 엄밀하게 현실성 있게 파악하는 사람들이 아니다. 전 세계 모든 국가의 대표들이 모여 이후에는 국가를 포기하고 국가라고 하는 관념 자체를 지우기로 하자는 약속을 하는 그런 일이 과연 어느 천년에 가능할 것인가 하는 것이다. 그런 일은 불가능하고 그런 때는 오지 않는다.

현대는 분명히 국제정치 시대이다. 유엔 같은 기구가 국제정치의 무대가 되고 있다. 유엔이 역사적 현실로 등장한 것은 사실 어떤 개인의 의사에 따른 것이 아니라 역사의 진행 과정에서 그렇게 된 것이다. 그것은 전혀 개인들의 자각적인 실천에 의해 성립된 것이 아니다. 역사의 압력에 의해 그렇게 된 것이다. 어떤 자각과 의사가 있어서 미리 계획을 짜 그렇게 된 일이 아니라는 말이다. 그러므로 우리는 이와 같은 역사의 대세를 민첩하게 읽으면서 세계 속에서 우리 자신의 좌표를 설정하지 않으면 안 된다.

그러면 지금부터 한국이라고 하는 이 국토에서 장구한 세월에 걸쳐 국가 생활을 영위해오는 동안 한국 사람들은 어떤 국가관을 숙성시켜왔는가를 검토해보기로 하자. 지금부터 우리가 관심을 가지는 한국인의 국가관은 외래의 것도 아니고 국가학에서 개념적으로 논의하는 그런 국가관도 아니다. 한국 사람에게 고유한 국가관을 역사적 사실에 근거하여 관찰하여 그 뜻을 새기는 것이 우리의 관심사일 뿐이다. 그러면 이야기를 쉽고 가까운 데서 시작해보기로 하자. 우선 우리의 관찰 범위에 들어오는 것이 5·16 군사혁명이다. 그들은 정녕 구사九死의 결의가 있었을 것이다. 혁명을 계획하고 실행에 옮긴 사람들은 분명 죽음을 각오했을 것이다. 그러면 이런 사람들의 국가관은 무엇인가? 국가학에서 배운 국가의 개념이나 외국에서 수입된 국가관을 가지고는 그와 같은 목숨을 건 결연한 행동으로 나아가지지 않는다. 그리고 4·19의 거 때 싸우다가 생명을 던진 청춘들의 국가관은 과연 무엇이었을까? 또 일제치하에서 사십년 동안 국내외에서 생명을 내어던지고 싸운 애국지사들의 국가관은 어떤 것이었을까? 기미년 3·1운동 때 거국적으로 들고 일어난 백성들의 국가관은 또한 무엇이었을까? 우리는 그것이 궁금하다.

일전에 요청이 있어 원고를 쓰다가 얼른 머리에 떠오르는 것이 있었다. 우리나라 열렬 항일투사 가운데 나의 개인 친지만도 그 수가 적지 않다. 그중의 한 사람이 3·1운동 직후에 있었던 밀양 폭탄사건의 주역인 곽재기郭在驥 지사이다.[19] 그의 호는 우봉牛峯이다. 그는 일제 경찰에 붙들려 사건의 주범으로 중형을 선고받고 여러 해 동안 옥살이를 치렀다. 그런 후에 감옥에서 나왔을 때 그 부인이 일제 형사들에게 무슨 기밀을 누설한 사실을 알게 되었다. 도저히 용서할 수 없는 일이라고 판단하고 면도칼로 부인

---

19) 곽재기郭在驥, 1889(고종 26)~1953, 독립운동가. 일명 경徹. 3·1운동에 참가했다가 만주로 망명하여 김원봉金元鳳 등과 함께 의열단義烈團을 조직하여 독립운동을 벌였다. 이성우李成宇와 함께 국내에 들어와 밀양 경찰서에 폭탄을 던지고 체포되어 6년간의 옥고를 치렀다. 1963년 대한민국 건국공로훈장 단장單章이 수여되었다. 『한국사대사전』, 류홍렬 감수(풍문사, 1974), 145쪽을 참고하라. 지은이 김범부의 회상과 사전의 내용은 세부적인 면에서 서로 약간의 차이를 보이고 있다. 이것은 지은이의 개인적 기억이 정확하지 못한 데 기인하는 것일 수 있다. 지은이는 지금의 이 발언을 별다른 참고문헌을 활용하지 않고 주로 개인적 기억에 의존하여 발전시킨 것으로 알려져 있다. 한편 지은이와 곽재기 지사 사이의 개인적 친분 덕분으로 곽재기 지사와 관련한 이야기의 내용이 다분히 풍부해진 면이 있는 것 또한 사실이다.

을 처리하고 그 길로 만주로 갔다. 거기서 한동안 독립운동에 종사하다가 이번에는 소련으로 건너갔다. 공산주의 혁명 후의 그곳 사정을 살피고 싶었던 것이다. 그렇게 보낸 세월이 칠 년이었다. 곽 지사는 원래 에스페란토에 능통했으므로 소련에서의 활동에 큰 불편이 없었고 전국을 누비며 많은 경험을 쌓았다. 그 후 만주로 돌아와서 한동안 지내다가 광복을 맞아 귀국했다. 귀국은 했지만 처자가 있을 리 없고 집이 있을 리 없고 밥이 있을 리 없었다. 그래서 하루 한 끼 먹는 날도 있었고 못 먹는 날도 있었다. 잠도 닥치는 대로 아무 데서나 잤다.

그 당시 나의 처소가 서울 제동에 있었는데 하루는 외출에서 돌아오니 곽 지사가 햇살이 좋은 양지 석축石築에 걸터앉아서 무슨 꿈이라도 꾸는 사람처럼 아주 볼 만하게 눈을 지그시 감고 있었다. 그는 무엇이 그리 좋은지 얼굴에는 웃음을 가득 머금고 가끔 고개를 저어가며 시간을 즐기고 있었다. 그래서 내가 "우봉, 무슨 공상을 그리 재미있게 하시오?" 했더니 이 친구의 대답이 "아이 참, 꿈 같어." 하는 것이었다. 그래서 내가 "글쎄 뭣이 그리 꿈 같단 말씀이오?" 했더니 친구의 이번 대답은 더욱 걸작이었다. 그는 이렇게 말하는 것이었다. "하하, 우리도 나라가 있단 말이야. 아 참, 꿈 같어. 평생에 못 볼 줄 알았는데… 이것이 정녕 꿈은 아니지? 하하 우리도 분명히 독립을 했단 말이오." 그는 또 재미있게 자지러지게 웃으며 "아이구, 이 곽재기도 나라가 있단 말이야! 글쎄 원…" 하는 것이었다. 그때 나는 그만 울음이 터지고 말았다. 그걸 보고 친구가 말했다. "아니 여보, 울기는 왜 울어? 왜 자꾸 우느냐 말이오."

이것은 곽재기 지사와 관련한 개인적 회상의 한 장면을 전해 본 것이다. 6·25동란을 겪고 나서 서울로 올라와 보니 다시는 우봉이 보이지 않았다. 공산당에 항거하다가 죽었는지, 굶어 죽었는지, 오늘날까지 그의 생사를 모르고 있으니 안타까운 마음뿐이다. 그러면 도대체 곽재기 지사와 같은 사람의 국가관은 무엇일까? 독립운동을 하고 밀양 경찰서에 폭탄을 던질 때 그는 밥을 구한 것도 아니고, 감투를 구한 것도 아니고, 세력을 구한 것도 아니고, 그 어떤 공명을 구한 것도 아니었으니 이런 사람의 국가관은 도대체 무엇이었을까 하는 것이다.

한참을 거슬러 올라가 저 숙종 때 안용복安龍福[20]의 일대기도

---

20) 안용복安龍福: 조선 숙종 때의 민간 외교가. 동래의 수군水軍으로서 일본말을 잘 했으며, 그 당시 쓰시마對馬島의 성주가 울릉도를 일본의 영토인 죽도竹島라고 하여 고기잡이와 벌목을 마음대로 하자 용복은 1693년(숙종 19) 울릉도에 건너가 일본 사람들을 모두 몰아냈다. 1696년(숙종 22)에는 단독으로 일본의 에도江戶(東京)에 가서 울릉도·우도于島의 감세관監稅官이라 자칭하고 일본정부에 대하여 고기잡이와 도벌의 불법성을 엄중 항의, 울릉도가 우리 영토임을 승인한 문서를 받아 가지고 돌아오는 길에 쓰시마에 이르러 잡혀 문서는 빼앗기고 조정에 압송되어 나라의 허락 없이 국제문제를 일으켰다는 이유로 귀양에 보내졌다. 그 후 쓰시마에서 자기들의 잘못을 사과하고 울릉도를 우리 땅으로 확인한다는 통지를 보내 왔으나 안용복의 죄는 풀리지 않았다. 이상은 『한국사대사전』상권, 이홍직 편저(교육도서, 1992), 1065쪽에서 확인되는 내용이다.
안용복安龍福: 조선 숙종 때의 민간 외교가. 1696년(숙종 22) 박어둔朴於屯과 울릉도에 출어出漁, 일본 어선을 발견하고 독도獨島에 강제 유박强制 留泊시킨 후 우리나라 바다에 들어와 고기를 잡고 침범한 사실을 문책한 다음 울릉우산양도

우리의 관심을 끈다. 지금 부산의 수영水營은 옛날에는 병선兵船의 정박지였는데 안용복은 거기에 속한 수병水兵이었다. 그는 활을 쏘는 수병이 아니고 노를 젓는 수병이었다. 지금으로 말하면 군함의 기관機關에서 근무하는 병사였다. 그는 천민 출신으로서 쉬운 말로 상놈이었다. 이 사람이 어떻게 배가 표류를 했던지 울릉도에 닿은 일이 있었다. 주변을 살피니 일본 사람들이 측량을 하면서 고기도 잡고, 나무도 쳐서 배에 실으면서 조선 사람들을 쫓아내는 것이었다. 그래서 안용복이 나서서 "우리나라 땅인데 너희들 왜 이러느냐?"하고 따졌다. 이에 일본 사람들은 그만 안용복을 배에다 싣고 일본으로 데리고 가서 모진 학대를 가했다. 그러나 안용복은 굴하지 않고 자신의 주장을 당당하게 펼쳤다. 마침내 수도 에도까지 가서 일본 사람들로부터 영해를 침범하지 않겠다고 하는 확인 문서까지 받았으나 돌아오는 길에 일본 사람들에게 붙들려 문서는 빼앗기고 몸은 동래의 왜관[21]으로 압송되

감세관鬱陵于山兩島監稅官이라 가칭하고 일본 호오끼주伯耆州:島根縣에 가서 번주藩主에게 범경犯境의 사실을 항의, 사과를 받고 돌아왔다. 이듬해 일본 바꾸후는 쓰시마 도주島主를 통하여 공식으로 일본의 출어 금지를 통고해 왔다. 이상은 『한국사대사전』, 류홍렬 감수(풍문사, 1974), 854쪽에서 확인되는 내용이다. 이두 사전은 세부적인 내용에서 서로 꽤 큰 차이를 보이고 있다.

지금 이 발언을 하고 있는 김범부는 수군 안용복에 대한 또 다른 내용을 전하고 있다. 사실도 다르게 소개하고 있으며 그것에 대한 해석 또한 다르다. 그러나 이상의 세 가지 버전이 안용복의 나라 사랑과 국토수호 의지를 전한다는 큰 흐름에서는 일치하고 있다고 여겨진다.

21) 조선 세종 때 삼포三浦, 즉 웅천熊川의 제포薺浦, 동래東萊의 부산포釜山浦, 울산蔚山의 염포鹽浦를 개항하면서 일본인의 거주·통상 등을 위하여 두었던 관사館

었다. 동래 왜관에서는 용복에게 무단으로 국경을 넘어 일본을 침입했다는 죄목을 붙여 동래 부사 앞으로 보냈다. 그래서 용복이 동래 부사에게 이런 사정 저런 사정을 모두 이야기하니 부사는 버럭 화를 내는 것이었다. 부사는 다음과 같이 말했다. "야 이 놈아, 나라 일이란 상놈이 알 바가 아닌 것이다. 네가 월경越境을 했으니 국법을 어긴 것이라 매를 맞아 마땅하다."고 하였다. 용복은 매를 한 백 대 얻어맞았다. 용복은 매 맞는 것쯤 겁내는 남자가 아니었지만 도대체 분해서 견딜 수 없었다. 그래서 재상에게 호소하기로 마음을 먹었다. 상놈이 재상을 만난다는 것이 쉬운 일이 아니었으므로 길에 누워서 재상이 지나갈 때를 기다렸다가 재상의 가마가 나타나자 그만 일어나 가마채를 붙잡고 통곡을 했다. 재상이 "뭣이냐?"라고 했다. 용복이 대답했다. "나랏일이 시급합니다. 잘못하면 우리 강토를 빼앗기게 됩니다. 대감님께서 사절을 보내 왜인의 침구를 막으셔야 합니다."라고 호소했다. 그러나 당시 대감 신분으로서 일개 병사의 어눌한 호소에 귀를 기울이고 관심을 보이기란 도무지 어려운 일이었다. 그러니 용복은 또 통곡을 하면서 돌아오는 수밖에 다른 길이 없었다.

안용복은 도저히 그냥 있을 수 없었다. 그래서 이번에는 난봉

___

숌 또는 구역을 가리킨다. 왜관에는 주위에 성城을 쌓고 그 안에 거류민, 공청公廳, 시장, 상점, 창고 등이 있었다. 『한국사대사전』상권, 이홍직 편저(교육도서, 1992), 1153쪽과 『한국사대사전』, 류홍렬 감수(풍문사, 1974), 932쪽을 참고하라.

난 모리배 중 댓 명 정도를 유인했다. 아마 동래산성에서 누룩 장사를 해서 돈을 좀 모은 중들이었을 것이다. 용복이 그들에게 말했다. "좋은 수가 있으니 배 한 척을 내어 나를 따라 일본으로 가자!"고 제안했다. 중들은 좋은 수가 있다고 하니 얼른 동의하고 나섰다. 용복이 다시 말했다. "지금은 우리가 잠을 자고 있을 때가 아니다. 일본만 가면 아주 큰 수가 난다."고 했다. 그래서 안용복 일행은 사기충천한 가운데 일본에 도착하여 관복을 입고 가마를 타고 움직였다. 용복이 중들에게 말했다. "너희들은 아무소리 말고 따라만 오너라."라고 했다. 그는 일본 사람들을 향해서 "내가 우리 조선 울릉도 수포장守捕將인데 나라에서 나를 보내 울릉도를 찾아오라고 했다. 나는 나라의 사절로 왔으니 정식으로 담판을 짓자."라고 했다. 일본 사람들은 용복을 정식 사절인 줄 알고 담판에 응했다.

그 결과 지금까지의 잘못을 인정하는 일본의 확인 문서를 확보하는 데 성공했다. 그 문서를 받아들고 용복 일행이 배를 타고 일본의 서해안을 떠나 조선 땅에 도착한 것이 강원도 양양이었다. 항구에 배를 대자 양양의 관리들이 나와서 하는 말이 "이놈들 괴상한 무리들이다. 모두 잡아라."라는 것이었다. 그러고는 손과 발을 묶어 '죄인들'을 한양으로 압송해버렸다.

한양에 도착하여 용복은 "우리들은 일본에 가서 땅을 찾아가지고 오는 길입니다."라고 말했다. 그랬더니 조정에서는 "목을 베라."라는 명을 내렸다. 이유는 나라의 강토를 찾아왔건 아니건 그런 것은 별것이 아니고 국경을 무단으로 넘었으므로 죽어서 마땅하다는 것이었다. 또 하나의 죄목은 나라에서 보낸 정식 사절도 아니면서 사칭했다는 것이었다. 따라서 나라에서는 그저 용복의 목을 베라는 것이었다. 그것밖에는 다른 방법이 없다는 것이었다. 그 당시에 나이가 많은 재상으로 남구만南九萬과 윤지완尹趾完이 있었다. 이들 재상들은 죄도 죄지만 공로도 공로라고 판단했다. 그래서 목을 베는 것은 과한 것이라고 하여 감형을 하여 멀리 유배를 보내는 것으로 결정을 내렸다. 아마 용복은 삼수갑산三水甲山 같은 데로 가서 종신유형終身流刑을 살다가 죽지 않았을까 생각한다. 스스로 죽을 수밖에 없는 운명이라는 것을 누구보다 안용복 자신이 가장 잘 알고 있었을 것이다. 안용복만 한 사나이로서 당시의 세정을 모를 리가 없었을 것이다. 그러므로 그가 행한 모든 일은 이미 한 번 죽는 것을 각오한 것이었다. 그런데 도대체 이 사람이 구한 것이 무엇인가? 처음부터 부귀공명을 구한 것은 아니었다. 아무도 알아주지 않는 죽음을 기어이 자초하다니 우리는 한 번 생각해볼 일이 아닌가? 그런 안용복의 국가관은 과연 무엇인가 하는 것이다. 아무리 살펴보아도 나라를 지킨다는 대의 밖에는 다른 동기를 찾기가 어렵다.

수군 안용복으로부터 조금 더 시대를 거슬러 올라가면 역시 그다지 많이 알려져 있지는 않지만 국가관이라고 하는 관점에서 매우 뜻이 있는 한 사람이 더 드러난다. 그의 이름은 이의립李義立,

호는 구충당求忠堂이다.[22] 우리가 이 사람을 모른다면 무책임하다는 비난을 면치 못할 것이다. 그는 경주 이씨로서 울산의 두서면 전읍리錢邑里에서 태어났다. 젊은 날에 뜻을 세우고 철을 찾아 팔도강산을 두루 누비고 다녔다. 긴 유랑 끝에 고향 마을 인근의 농소면 달천에서 원하던 철광을 찾아 보람 있는 후반생을 보내고 말년에는 인근의 치술령鵄述嶺 아래 지초라는 동네에서 살다가 세상을 떠났다. 그러니 이의립의 주요 활동 무대는 치술령 일대였다. 치술령으로 말하면 울산에서 기차를 타고 경주를 향해 가자면 왼쪽으로 크게 보이는 산인데 산의 정상에 망부석望夫石이 서 있다. 이 망부석에는 신라의 박제상朴堤上이 나라의 임무를 띠고 일본으로 간 후 돌아오지 않자 그 부인이 지아비를 기다리다 석상으로 변했다는 전설이 서려 있다.

구충당 이의립은 어릴 때 서당에서 글을 익히고 부모에 대한

---

[22] 이의립李義立, 1621~1694. 조선시대 인물로 유황 제조법을 발견했다. 유황과 무쇠가 모두 한국에서 생산되지 않자 이를 찾는 데 일생을 바친 인물이다. 38세 되던 1657년 1월에 울산 농소 달천의 달산에서 무쇠를 발견했고, 2년 뒤 토철을 용해하는 제련법을 터득했다. 이듬해는 궁각 280통, 함석 100근, 새철 1000근, 세면포 100필, 주철환 73만 개, 부정 440좌 등을 만들어 훈련도감에 바쳤다. 이에 조선 현종은 그에게 동지중추부사의 벼슬을 하사했다. 또한 그는 유황을 발견하고 유황 제조법을 알아 약용으로 쓰게 했다. 이렇게 이의립이 나라에 바친 공이 컸으므로 조선 숙종은 그의 3대에 가선대부의 벼슬을 증직하는 한편 달천광산을 하사했다. 달천광산을 소유하게 된 이의립은 종손이 이를 대를 이어 관리개발하게 하였고 13세 손 이은건이 1910년 한일 국치조약 때까지 광산을 경영했다. 문집 12권을 남겼다.『위키백과』, 2013. 10. 16.
이 발언을 하고 있는 지은이 김범부는 사전과는 약간 다른 내용을 전하고 있으며 아울러 매우 색다르고 독특한 해석을 보여주고 있다.

공경심을 깨우쳐 효도를 실천했다. 어릴 때 부모가 세상을 떠나자 3년 동안 묘소를 돌보는 시묘살이를 했다. 시묘살이를 마친 구충당은 효도를 하고 싶으나 어버이는 세상을 떠났으니 누구에게 효도를 하겠는가, 이제는 어버이를 섬기는 마음으로 나라에 이바지하겠다, 이렇게 결심하고 선택한 길이 철광산을 찾는 일이었다. 공부만 열심히 하면 과거에 급제하여 벼슬도 하여 편안한 생활이 보장된다. 그런데도 철광산을 찾는 낯선 길을 택하다니 집안사람들이 야단이었다. 보통 사람들의 생각으로는 엉뚱하기 짝이 없었다. 만류하는 사람들에게 구충당은 이렇게 말했다.

학문을 하고 과거에 급제하여 벼슬길에 오르는 일은 내가 아니라도 하고자 하는 사람이 얼마든지 있다. 그러나 철이 나는 광산을 찾고 철을 생산하는 사람은 아무도 없다. 나는 백성들을 위해 참다운 길을 택해 부강한 나라를 만드는 데 도움이 되고자 한다.

그는 주위의 만류를 뿌리치고 험한 길에 나섰다. 그의 마음속에는 철밖에 없었다. 그는 우리나라가 임진왜란과 병자호란 때 당한 것은 무기가 없었기 때문이라고 생각했다. 또 철이 없으니 평시에 집집마다 사용하는 솥도 손쉽게 만들 수 없고 낫이나 호미와 같은 농기구도 모자랐다. 우리나라에서 생산되는 철이 없었고, 약간의 쇠라는 것은 그때 중국에서 사들여오는데 일 년에 몇천 근이라고 하는 제한이 있었다. 그 이상은 중국이 허락하지 않았다. 압록강을 타고 밀수 행위가 약간 있었지만 철의 수요를 충당하기는 어려웠다. 그러니 백성의 고통이 이만저만이 아니었다.

구충당은 자문자답했다. 철이 우리나라에 본래 없었는가? 언제 중간에서 없어진 것인가? 삼국시대에 싸운 기록을 보면 외국에서 무기를 사들여가지고는 그렇게 무진장 사용할 수 없었을 것이 아닌가? 그러니 삼국시대에 철을 생산하여 사용한 것은 틀림이 없었다. 그러면 우리나라에서 언제부터 철광이란 것이 폐지되었는가? 몇백 년 동안을 이렇게 철이 없는 생활을 하고 있으니 말이나 되는가? 산천치고는 쇠가 없는 데가 있을 리 없는데 왜 우리나라에 쇠가 없겠는가? 구충당의 의문은 끝이 없었다.

이것이 구충당이 글 읽기를 그만두고 큰 서원誓願을 세우고 쇠 찾기에 나선 배경이다. 그러나 생각해보라. 글만 읽던 사람이 광맥이나 광상을 어떻게 찾아낼 것인가? 방법이 책에 나와 있는 것도 아니다. 그래서 구충당은 천지신명에게 비는 수밖에 없었다. 그는 제문을 지어 이 나라에 쇠가 없어 백성들의 생활이 곤궁하니 어떻게든지 쇠 찾는 방법을 가르쳐달라고 빌었다. 사람이 이쯤 되면 본래 신령해지는 법이다. 그렇게 되면 계시도 받고 심령도 밝아지고 꿈자리의 영험도 얻는다. 구충당은 빌고 또 비는 마음으로 철광산을 찾아 무려 14년간 나라의 북쪽 끝 백두산에서부터 묘향산, 구월산, 금강산, 태백산, 속리산, 소백산, 지리산 등 조선반도의 이름난 산은 모두 살폈다. 그와 같이 길고 긴 세월을 헤맨 끝에 이상한 영감에 이끌려 마침내 고향 가까운 농소 달천에서 그토록 소망하던 철광을 발견하게 되었다. 이에 구충당은 들뜬 마음을 가다듬고 기도했다. 철광산이 잘 개발되어 나라에 보탬이 되도록 해달라는 기원이었다.

달천에서 나는 철은 일반 철광산처럼 돌덩이에 철이 들어 있는 철광석이 아니고 모래흙 속에 철분이 들어 있는 토철로 아주 드문 경우였다. 보통 흙처럼 땅에 드러나 있는 토철은 채집하기 쉽고, 얼마든지 파낼 수 있는 많은 양이었다. 그러나 토철을 녹이는 방법이 문제였다. 이에 구충당은 치성致誠을 드려 그 방법을 깨우쳐 많은 양의 철을 생산해내게 되었다. 그래서 울산 달천 쇠부리라는 것이 우리나라에서 처음 쇠를 제련하는 곳으로 알려지게 된 것이다. 여기서 생산된 철로 솥을 만들고 농사짓는 농기구도 만들고 무기도 만들게 되어 온 나라의 기쁨이 되었다. 그것이 현종顯宗 임금 때였는데 임금은 구충당을 친히 불러 철을 생산하게 된 과정을 자세히 듣고는 감탄했다. 임금은 다음과 같이 말했다.

기특하다. 지성이면 감천이라더니 과연 맞는 말이로구나. 그대는 남이 깨치지 못한 일을 깨우친 위대한 사람이다. 나라에 장수와 학자는 많아도 그대처럼 몸소 터득한 과학하는 사람은 처음이다. 대단히 고마운 일이다.

이어서 임금은 마침 숙천부사肅川府使 자리가 비어 있으니 그 자리를 맡아 목민牧民을 해볼 것을 권했다. 이에 구충당은 굳이 임금의 제안을 마다하고 다음과 같이 대답했다.

> 천은天恩이 망극합니다. 소신은 목민하는 법을 배운 적이 없습니
> 다. 제철하는 법밖에 아는 것이 없습니다. 그러니 소신과 같은 사
> 람이 목민을 하는 것은 당치 않습니다. 목민에는 목민지학牧民之
> 學을 공부한 사람을 보내시고, 소신은 그저 평생 쇠부리 일이나
> 하도록 해주시기 바랍니다.

 도대체 천지신명과 대결하는 사나이의 의지를 누가 꺾을 수 있
을 것인가? 구충당의 눈에 관직쯤은 들어오지도 않았다. 그러니
임금은 하는 수 없이 정삼품을 직접 수여하고 구충당으로 하여
금 쇠부리 일을 계속하도록 했다. 이제 우리는 의문이 들지 않을
수 없다. 구충당은 도대체 무엇을 구한 것인가? 부귀를 구한 것
인가? 공명을 구한 것인가? 이것도 저것도 아니라는 것은 이미
다 알려진 사실이다. 그렇다면 그 어떤 숨겨진 타산 같은 것이라
도 있었다는 말인가? 그것도 아니라면 그의 내적 동기란 과연 무
엇이었을까? 도무지 하지 않고는 배길 수 없고 꼭 그렇게 해야만
하는 마음의 길은 어디서 온 것이었을까? 이런 사람의 심정에는
그 어떤 무조건적인 명령이 움직이고 있는 것처럼 보인다. 그것
은 다름이 아니라 나라를 이롭게 한다는 한 가지 생각이라고 여
겨진다.
 그러면 위에서 지금까지 예시한 사람들의 국가관을 우리는 무

엇이라고 규정할 것인가? 나로서는 그것을 지정적 국가관至情的
國家觀이라고 부르는 수밖에 없다. 그 말밖에는 달리 표현할 길이
없다. 지정이란 지극한 심정이란 말이다. 그러면 어떤 것을 지정
이라고 하는가? 쉽게 말해 부모가 자식을 사랑하는 것, 이것이
지정이다. 자식이 부모를 사랑하고 존경하는 것도 지정이다. 형
제간의 우애도 지정이다. 위에서 예시한 구충당의 나라에 대한
태도를 자세히 읽어보면 효자 자식이 부모에게 가지는 지정, 바
로 그런 것을 나타내고 있다. 그것은 아무 조건이 달리지 않은 순
전하고 단일한 심정이다.

위에서 예시한 여러 인물들이 공통적으로 보이는 정신이 있
다. 그것은 고유한 방법으로 공公을 앞에 세우고 사私를 뒤에 세
우는 공동체 정신이다. 나는 그것을 지정적 국가관이라고 부르는
데, 그것은 역사적으로 한국민족 가운데 생성된 일종의 도의의식
이라고 할 수 있다. 4·19나 5·16이 보여주는 도의정신 같은 것
은 갑자기 일시적으로 발생한 것이 아니다. 또 사상적으로 학습
한 국가관에서 나온 것도 아니다. 오직 역사적으로 생성된 지정
적 국가관의 전통에서만 그 심리적 근거를 찾을 수 있다. 그리고
그와 같은 지정적 국가관의 심리적 근거는 다시 저 멀리 화랑정
신으로 거슬러 올라간다. 그러므로 지정적 국가관은 우리 민족에
게 단순한 하나의 관념이 아니라 역사적으로 형성된 일종의 문화
적 · 도의적 생리인 것이다.

그러면 이런 의문이 제기될 수 있을 것이다. 특정 개인들이 어

떤 기회에 애국심을 일으켜 감행한 일을 가지고 마치 그것이 한국사람 전체의 심정인 것처럼 말하는 것은 다분히 주관적인 판단이 아니겠느냐는 것이다. 매우 그럴 듯한 의문이긴 하지만 한 마디로 짧은 소견이라고 할 수 있다. 왜냐하면 깊이 들여다보면 안용복이나 이의립과 같은 심정은 한국 사람이라면 누구나 다 조금씩은 가지고 있다는 것을 알 수 있으며 정도의 차이가 있을 뿐이지 한국 사람으로서 같은 정신을 전혀 소유하지 않은 경우란 생각할 수 없을 것이기 때문이다. 나 개인의 경험을 전해보면 식민지 시대에 일제 형사들이 나 같은 사람도 가끔 포승으로 묶어서 잡아간 일이 있었다. 그때 한국인 형사가 한참 욕설을 하고 학대를 가하다가 가만히 내 귀에다 대고 "저더러 개자식이라고 하실 겁니까? 우리는 이렇게 하지 않으면 살 수가 없습니다."라고 하는 것이었다. 나는 그 순간 고맙다는 생각이 들어 그 형사의 얼굴을 다시 한 번 쳐다보았다. 그런 사람도 일본의 개가 되어 활동하고 있는 처지이면서도 한국인의 정신이 아주 없지는 않다는 것을 확인할 수 있었다. 그러므로 한국 사람들의 나라 사랑하는 마음은 말하자면 열 몫쯤 가진 사람이 있고 일곱 몫, 여섯 몫, 한 몫을 가진 사람이 있을 뿐이지 전혀 없는 사람은 상상하기 어려운 것이다. 아무것도 모르는 시골 할머니도 나라의 일이라면 조금 신성하게 생각하는 면이 있는 것이다. 우리는 이것을 국가학적인 이론에서 오는 것이라고 보기 어렵다. 외래사상의 자극에서 오는 것이라고 보기도 어렵다. 아니면 무슨 숨겨둔 이해타산에서 나오는 것이라고 생각하기도 어렵다. 나로서는 한국인의 고유한 국가관이 바탕에 깔려 있는 것이라고 보는 수밖에 없다.

그러면 앞으로 한국이 나아갈 방향은 무엇인가? 그것을 정리하면 이렇게 말할 수 있을 것이다. 무엇보다 한국은 이 고유한 지정적 국가관을 확고하게 지켜나가야 한다. 그런 바탕 위에서 다음으로 세계사의 대세를 바르게 읽고 적응해가야 한다. 세계사의 대세란 국제국가國際國家의 일원이 된 완료형 민족국가라고 하는 것이다. 국민운동은 모름지기 이와 같은 주객관적으로 조화가 이루어진 가장 건전한 국가관에 기반을 두었을 때 미래가 보장되는 것이다.

6. 한국의 민주주의

이제 한국은 건국을 완성시키는 한편 민주주의를 장착시켜가야 하는 과제를 안고 있다. 그것을 위해 먼저 건국기의 정치현실을 제대로 파악해야 하며 한국적 현실에 민주주의의 원칙을 적용하는 방법에 대해 깊이 생각하지 않으면 안 된다. 실로 이것은 간단한 문제가 아니다.

한국은 신생 국가이다. 지금은 건국기에 놓여 있으며 정치 현실 자체가 다른 나라의 성숙하고 안정된 그것과는 많이 다르다. 이것을 전제로 삼지 않으면 정치란 모방을 일삼는 연습정치練習政治는 될지 모르지만 본격적인 정치는 될 수 없다. 또 민주주의라고 해서 한 가지만 있는 것이 아니다. 원칙에서는 같지만 나라마다 사정이 다르므로 그만큼 특색을 지니게 마련이다. 지구상에 한국이라는 나라는 하나밖에 없으므로 한국의 민주주의는 그어떤 다른 나라의 그것과 꼭 같을 수는 없다. 한국은 오직 한국에 적합한 민주주의를 필요로 한다. 한국에 적합한 민주주의란 되는 대로 가다 보면 마침내 역사 자체가 한국적 특색을 가진 민주주의의 내용과 형식을 빚어낼 것이라고 생각할 수 있다. 거기에는 장구한 세월이 요구되고 많은 시행착오가 따를 것이다. 그러나 지금 우리가 그런 길을 택할 수는 없다. 신생국이 처한 비상시국을 눈앞에 두고 천연덕스럽게 되는 대로 갈 수는 없는 것이다. 그것은 위험하기 짝이 없는 길로서 나라가 어떤 지경으로 전락할는지 알 수 없다. 그러니 우리는 부득불 이 현실에서 민주주의를 실현하자면 우리의 특수한 사정을 깊이 고려하여 우리에게 맞는 민주주의의 윤곽을 그려가지 않으면 안 된다.

민주주의라면 백성의 권리民權와 백성의 복지民福라고 하는 기초 위에 세워진다. 한국이 성숙하고 안정된 사회라면 무엇이 백성의 권리가 되고 또 무엇이 백성의 복지가 되는 것인지, 또 둘 사이의 균형은 어떻게 구할 것인지 하필 연구하고 심사숙고할 필요까지 없을지 모른다. 그러나 지금 신생국인 한국의 처지에서는 어떤 확정된 길이 없다. 길을 모르는 것은 일반 백성뿐 아니라 지식인들도 마찬가지이다. 그러므로 선구적인 지도성이 요구된다고 할 수 있다. 백성의 권리와 복지 증진을 위해 그 진행 과정을 육성하고 계발해갈 필요가 있으며 거기에 선각자의 역할이 있는 것으로 보인다.

지금은 건국 경제정책의 원칙마저 정해진 상태가 아니다. 공업이 어떻고 상업이 어떻고 하는 식으로 왁자지껄한 판이라 백성의 복지 문제를 해결하는 방법을 도출해내는 것이 쉽지 않다. 또 민주주의의 원칙이 제대로 파악되고 있는 것도 아니다. 그러므로 반드시 육성기가 필요한 것으로 보인다. 이런 과정을 통과하지 않고 곧바로 성숙한 인식이 생겨나기란 어려울 것이라고 생각된다. 우리 사회는 이제 불과 십여 년의 민주주의 훈련 과정을 겪은 상태이다. 이 단계에서 백성의 권리만을 지나치게 강조하면 폐단이 생길 수 있다. 백성의 복지 부분이 희생될 수 있다고 여겨진다. 백성은 잘못하면 자신들의 복리에 위배되는 방향으로 자유를 행사할 수 있다. 그런 경우를 얼마든지 상정할 수 있다. 이 두 가지 가치 사이의 균형을 잡으려면 부득불 정치의 지도성이 요구되는 것으로 보인다.

대체로 자유진영의 민주주의는 백성의 권리가 중심이 된다. 한편 공산주의 사회에서는 백성의 권리는 인정되지 않는 반면 백성의 복지가 강조되는 것으로 보인다. 그런데 백성의 권리를 인정하지 않는 백성의 복지라는 것이 처음부터 가능한 것인지 이해하기 어렵다. 백성의 권리는 이미 일종의 복지가 되어 있으니 말이다. 백성의 권리를 인정하지 않는 것은 백성의 복지를 침범하는 것이 된다. 그러므로 기본적으로 백성의 권리는 반드시 인정하되 백성의 복지와 균형을 이룰 수 있도록 조정할 필요가 있다.

그러면 백성의 권리와 복지라고 하는 두 가지 가치를 추구하기만 하면 그만인가? 그렇지 않다고 생각한다. 우리가 간과해서는 안 되는 것이 백성의 도덕정신[德義]이다. 백성은 사람으로서 마땅히 지켜야 할 도덕적인 마음을 바탕에 깔고 살아야 한다. 앞에서 지적했지만 건국 초기는 혼란이 특징이다. 혼동과 무질서가 판을 친다. 이런 상황에서 도덕을 위배하면서 마구 자유를 행사한다면 사회가 어떻게 될 것인가? 그러니 우리는 불가불 백성의 권리, 백성의 복지, 백성의 도덕정신을 함께 추구하지 않으면 안 된다. 그런데 알고 보면 이 세 가지 가치는 건국기에만 필요한 것이 아니다. 언제나 불가결한 조건이다.

또 하나 잠시 언급하고 넘어갈 사항이 있다. 이것에 대한 좀 더 자세한 설명은 이 책의 다른 부분에서 하기로 하고 여기서는 대강만을 말해두기로 한다. 그것은 다름이 아니라 자유와 평등 간의 조화의 문제이다. 실은 이것은 우리 건국기의 민주주의에 해당하는 문제일 뿐 아니라 세계적으로 위기에 처한 여러 민주주의 국가들이 직면하고 있는 문제이기도 하다. 자유와 평등 문제는 따로 생각하면 몇백 년을 가도 갈등을 해결하기 어렵다. 그러므로 무엇보다 먼저 생각할 것은 자유란 누구의 자유인가 하는 것이다. 그것은 절대자인 신의 무제한적인 자유가 아닐 것이다. 그와 같은 무제한의 자유라는 것은 인간에게 부여되어 있지 않다. 그렇다고 해서 그것이 동물적인 방종도 아닐 것이다. 동물적인 자유가 인간에게 행복을 가져오는 것은 아니다. 인간에게는 오직 인간의 자유가 부여되어 있을 뿐이다. 그 이상도 그 이하도 될 수 없다. 평등도 마찬가지이다. 인간에게는 인간의 평등이 부여되어 있을 뿐이다. 신의 평등이나 동물의 평등이 허용되는 것이 아니라는 말이다.

그러므로 자유와 평등은 반드시 인간이라는 전제하에서 구명하지 않으면 안 된다. 인간은 분의分義의 존재이다. 자기 분수에 맞게 도리를 지켜나갈 때 비로소 인간이라는 이름을 얻는다는 것이다. 분의는 두 가지로 생각할 수 있다. 첫째 상분常分이 있고 다음으로 직분職分이 있다. 그럼 상분이란 무엇인가? 상분에서는 애비는 애비란 것이 분의이며 자식은 자식이란 것이 분의이다. 남편은 남편이란 것이 분의이며 아내는 아내인 것이 분의이다. 또 스승은 스승인 것이 분의이며 제자는 제자인 것이 분의이다. 그리고 국민은 국민인 것이 분의이다. 그런데 만약 자유와 평등이란 이름 밑에 부자父子도 없고, 사제도 없고, 부부도 없고 국가도 없고 국민도 없는 것이라면 신이나 동물의 가치는 살아날지 모르지만 인간의 가치는 죽고 만다. 직분이란 무엇인가? 인간은 누구나 직분을 수행해야 한다. 서로 다른 직분을 수행하면서 서로 돕는 관계에 서야 하는 것이다. 내가 밥을 먹고 옷을 입는 것은 이와 같은 직분의 관계에서 가능해진다. 교육을 받고 음악을 듣고 문학을 읽는 것, 또 병이 나면 치료를 받는 것도 다 이런 직분의 관계 속에서 가능한 것이다. 나라는 나라대로 직분이 있다. 국민은 여러 면에서 나라의 보호를 받는다. 그래서 우리는 직분의 테두리를 벗어나 존재하는 인간을 상상하기 어렵다. 건전한 민주주의 사회라면 구성원은 직분을 수행하는 인간이 되는 것이다.

　만약 인간이 자유다 평등이다 해서 상분도 무시하고 직분도 수행하지 않고 절대적인 자유와 평등을 누리기를 주장한다면 그 끝이 어떻게 될 것인가? 그런 인간이 있다면 그는 관념을 생활하는 것이며 현실을 생활하는 것은 아니다. 그는 이미 공동 사회의 일원으로서 자격을 상실하고 있는 것이다. 신의 세계도 아니고 동물의 세계도 아닌 인간의 세계에서 자유와 평등을 주장하려면 상분과 직분을 포함하여 분의의 가치를 반드시 강조하고 또한 추구해야 하는 것이다.

7. 건국 경제정책과 생산교육

어떻게 하면 우리도 남들처럼 잘살 수 있는가 하는 것이 정부당국의 초미의 관심사가 되어 있다. 그것은 당연한 일이다. 우리 국민운동의 관심사 또한 그 테두리를 벗어나 있는 것이 아니다. 우리는 이 문제에 대해 깊은 성찰이 있어야 한다. 그런데 우리가 특히 관심을 가지는 것은 도대체 건국 경제정책의 중심을 어디에다 두어야 하는가의 문제이다. 무릇 정책이란 어떤 경우나 고립되어 성립되는 것이 아님을 우리는 알고 있다. 서로 연계가 되어 있기 마련이다. 건국 경제정책만 해도 경제 자체에 머무는 문제라기보다 교육과 깊은 관련을 가지는 문제로 접근하면 이야기가 오히려 쉽게 풀릴 수 있다.

지금 대학 정비와 중고등학교 개편 문제가 교육정책의 핵으로 떠오르고 있다. 이것은 언제 있어도 있어야 할 일로서 오히려 늦은 감이 있다. 우리 국민경제의 힘이 현재 우리 대학과 중고등학교를 그대로 떠안고 가기는 부친다. 국민경제의 역량에 비해 대학의 범람은 처음부터 말이 되지 않는 것이었다. 고등학교 역시 마찬가지이다. 대학이건 고등학교를 나와서 도대체 무엇을 하라는 것인가? 실업군失業群에 포함되는 것 외에 할 일이 무엇인가? 학교 졸업생들의 진로 문제가 정말 심각하다. 국민경제가 힘을 펴지 못하는 원인이 무엇인가를 깊이 생각해야 한다. 특히 농촌경제가 피폐해지는 원인이 무엇인가를 따져보아야 한다. 지금의 국민경제의 단계에서 대학까지 보낼 수 있는 힘이 되는 학부형이 과연 얼마나 되는가? 아마 열에 하나가 되기 어려울 것이다.

이제 학교의 범람을 가져온 모방극模倣劇을 멈추어야 한다. 모름지기 정비할 것은 정비하고 개편할 것은 개편을 서둘러야 한다. 그런데 어떻게 하느냐의 방법이 문제이다. 여론을 들어보면 실업교육實業敎育으로 방향을 크게 바꾸면 되지 않겠느냐는 식이다. 솔직히 이런 말을 들으면 다시 눈앞이 캄캄해진다. 공업학교, 농업학교, 상업학교를 나온다고 해서 영세한 공장과 농장, 회사나 은행이 과연 어느 정도의 졸업생을 받아들일 수 있을 것인가? 그것은 먼저와는 또 다른 형태의 실업군을 양성하는 일밖에 안 된다.

사고의 전환이 필요하다. 아주 솔직하게 한국의 건국교육은 원칙적으로 생산교육이라고 규정을 짓고 보는 것이 필요하다. 정비에 정비, 개편에 개편을 거듭하더라도 생산교육이 아니고는 건국교육이 성립되지 않는다. 그러면 실업교육은 생산교육이 아니냐고 할 것이다. 실업교육이 어째서 그대로 생산교육이 되는가? 상업학교를 나와서 갈 곳이 없다. 생산의 기회가 주어지지 않는다. 그것이 무슨 생산교육인가? 농업학교를 나오고 공업학교를 나와도 갈 곳이 없다. 그래도 생산교육인가? 그러므로 그저 막연하게 실업교육이라고 하는 것과 생산교육은 전혀 성질이 다르다는 것을 알 필요가 있다. 더구나 건국교육으로서 생산교육이 어떻게 성숙하고 안정된 국가에서 하는 실업교육과 같을 수 있다는 것인가? 그러니 한국의 건국교육이 생산교육을 강조하게 되는 것도 한국의 건국기적 정치현실의 단면이라고 이해해야 한다. 한국의 건국교육은 모름지기 생산교육에 집중할 필요가 있다고 할 것이다. 그러나 아무리 건국기라고 하더라도 일체의 교육이 생산교육 일변도로 가야 한다는 것은 아니다. 그런 일은 무리이며 가능하지도 않다. 다만 생산교육이 거듭 강조될 필요가 있다는 것을 말해두는 것이다.

그러면 생산교육이란 과연 무엇인가? 흔히들 말하기를 우리도 상업, 공업, 농업을 진흥시키면 국부國富가 늘어날 것이고 국가재정이나 국민경제가 윤택해질 것이라고 한다. 그러나 국가 경영은 정태적인 것이 아니고 동태적인 것이며 일차원적이라기보다 사차원적인 것이다. 그러므로 농상공의 진흥이란 것도 현실에서는 말처럼 쉬운 것이 아니다. 그러니 경제정책이라고 나와 있는 것을 보면 어떤 것은 본의는 아니겠지만 그만 거짓말로 드러난다. 왜냐하면 한국의 건국기적 현실에서는 경제정책도 생산정책이 되지 않으면 안 되는 것이기 때문이다.

관건은 생산정책이다. 그러면 생산정책이란 무엇인가? 이것을 단도직입적으로 말하면 이런 것이다. 가령 공업을 진흥시킨다고 해서 국가 예산을 많이 들여 공장을 많이 짓기만 하면 절로 국부가 늘고 국민 경제가 윤택해질 것인가 하는 것이다. 이런 접근은 상식적으로 생각했을 때 실로 우려스러운 바가 적지 않다. 왜냐하면 그렇게 생산된 물건을 어디에 팔 것인가 하는 문제가 떠오른다. 국내에 소비시킬 것인가? 아니면 국외에 소비시킬 것인가? 가령 우리의 공산품을 국외로 내보낸다고 했을 때 유럽이 시장이 될 것인가? 북미가 시장이 될 것인가? 시장을 어디서 구할 것인가가 큰 문제이다. 수공품手工品을 힘써 노력하여 생산하면 1년에 사십억 환圜23)쯤의 수출을 기대할 수 있다고 한다. 그 밖에 다른 특수한 제품이 있을지 모르겠으나 이제 겨우 출발점에 선 한국의 공산품을 과연 어디로 내보내면 소비시킬 수 있을 것인가 하는 것이 문제가 아닐 수 없다. 아시아 여러 나라의 시장을 생각할 수 있는데 거기는 이미 일본이 선점하고 있는 실정이다. 지금 우리가 아시아 시장을 두고 일본 사람들과 경쟁을 한다면 줄잡아 한 반 세기 정도는 죽을 판 살 판으로 거족적으로 노력을 기울여야 겨우 승기를 잡을 수 있을 것으로 보인다. 공산품을 가지고 지금 당장 일본 사람들과 경쟁하기란 실로 어려운 일이다. 틈새를 비집고 들어가는 데는 많은 시간이 필요할 것이다. 그러므로 지

---

23) 이 글이 생산되던 1962년 당시의 화폐 단위이다.

금 단계에서 공업정책은 국내 수요에 맞추고 밖으로부터 들어오는 것을 가능한 한 방지할 수 있는 그런 테두리에서 세우는 것이 적절할 것이다. 제품의 품질, 시장 관계, 경험의 요소 등을 고려함이 없이 그냥 공업이다 공장이다 하다가는 큰코를 다칠 뿐 아니라 몸 전체를 상하게 할 수 있다.

　그러면 농업은 어떤가? 땅을 갈아서 짓는 농업으로 말하면 국부를 창출할 만한 여지가 별로 없다. 지금으로서는 그저 국내의 식량 수요를 충족시키는 정도를 목표로 삼는 것이 무난할 것이다. 그럼 또 상업은 어떤가? 국제무역이 앞으로의 길이라고 할 수 있는데 지금의 조건으로는 국부 창출을 말할 단계가 아니다. 그러면 도대체 한국에서 건국 경제정책은 어디에다 무게의 중심을 두어야 하는가? 답은 간단하다. 자원개발을 우선순위에 두는 수밖에 없다. 그러면 과연 이것이 정말 가능한 방안인가? 물론 그렇다. 가능하다는 정도가 아니라 현실성이 매우 높다고 할 수 있다. 한국의 지하자원이 유망하다는 것은 재론할 필요가 없다. 매장량과 품질의 조사, 기술 개발, 판로의 개척 등에 힘을 써서 수출을 하나하나 성사시켜나간다면 큰 성과가 있을 것이라고 생각한다.

　수산물 쪽에도 지하자원 이상으로 유망 품종이 있는 것으로 듣고 있다. 그것은 다른 것이 아니라 우뭇가사리라고 하는 것이다. 일본 사람들은 이것을 천초天草 또는 한천寒天이라고 한다. 한방에서는 석화채石花菜 또는 계각채鷄脚菜라고 부른다. 이것은 전 세계가 판로이다. 유럽, 북미, 아시아의 여러 나라 할 것 없이 어디나 시장이 된다. 그런데 현재 우리나라에서 생산되는 양은 얼마 되지 않는데 양식은 얼마든지 가능하다. 특히 우리나라의 원산元山 이남 동해를 돌아 남해 일대까지의 바다에서는 세계에서 가장 좋은 품질이 나오는 것으로 알려져 있다. 식용, 약용, 공업용으로 두루 쓰인다. 이 품목은 잘만 개척하면 생선을 잡아서 파는 것과는 비교가 되지 않는 좋은 수입원이 될 것이다. 그리고 굴도 유망 품종이다. 흔히 석화石花라고 부르는 것인데 한방에서는 장려牡蠣라고 한다. 굴은 세계 어느 나라에서나 기호품이 되어 있으며 이것 역시 우리나라에서 생산되는 것이 품질이 우수하다. 그런데 이것도 현재 생산되는 양은 얼마 되지 않지만 양식의 여지는 얼마든지 있다는 것이다.

다음으로 축산자원을 들 수 있다. 우리나라에는 목축의 적지適地가 많다. 강원도 일대는 목축에 아주 적합한 땅으로서 일 년에 소 몇백만 마리 소출은 무난할 것이라는 것이다. 전문가의 말을 들어보면 지리산의 동쪽 기슭 역시 목축하기에 좋다고 한다. 제주도 역시 조성하기에 따라 좋은 목장지를 확보할 수 있을 것이라고 한다. 쇠고기의 품질은 현재 일본산이 한국산보다 우수하다고 하지만 노력 여하에 따라서 얼마든지 개선의 여지가 있다는 것이다. 목축에 적합한 자연적 조건은 한국이 훨씬 앞서 있다고 하니 희망을 가져도 좋을 것이다.

생사生絲도 유망 품종이다. 판로도 무난하다고 듣고 있다. 국내

어디든 뽕나무가 자라지 않는 곳이 없고 양잠이 안 되는 곳이 없다. 약초도 주목할 필요가 있다. 약초는 우리가 일본서 사들여 오는 것이 20여 종 된다고 한다. 우리 쪽에서 수출하는 것이 역시 20여 종 되는데 주로 홍콩과 아시아의 여러 나라로 나간다고 한다. 그런데 일본서 들여오는 약초는 품질이 그다지 좋지 않다고 하며 품질로 말하면 역시 한국산이 제일 좋다고 한다. 실로 한국의 산천은 곡식을 지어 먹기보다 약초 심어 먹기에 더 적당하다. 한국의 땅은 약초가 잘 자라기도 하지만 거기서 나는 약초야말로 품질이 우수하기로 정평이 나 있다. 우리나라 인삼은 원래 이름이 나 있고 수입도 많이 나는 품목이다. 지금도 인삼은 많이 재배하고 있는 편이지만 앞으로는 국책으로서 더 많이 생산할 필요가 있을 것이다. 한국의 산삼은 특히 유명하다. 일본과 중국에도 산삼이 나지 않는 것은 아니지만 약효 면에서 한국산을 따라오지 못한다. 삼엽초三葉草는 원래 한국 땅에서만 나는 것으로 삼 종류 가운데서도 특히 약효가 뛰어난 것으로 알려져 있으며 신비한 전설도 많이 따라다닌다.

한국의 땅은 실로 약초에 적합하다. 어떤 약초는 어디서 잘되고 어떤 땅은 어떤 약초가 잘된다는 식으로 한국의 국토는 어디를 가나 약초가 안 되는 데가 없다. 그러면 한 가지 의문이 생긴다. 왜 품질이 그다지 좋지도 않은 약초를 일본으로부터 사들여 오느냐 하는 것이다. 알 만한 사람들의 말을 들어보면 약초 재배하는 사람이 별로 없고 산에 가서 약초를 캐는 사람이 점점 줄고 있다고 한다. 전에는 약초를 캐면 수고한 보람이 있었지만 지금은 그렇지 않다고도 한다. 약초의 종수가 점점 줄어드는 면도 있다고 한다. 지금은 그나마 약초의 수입에 비해 수출이 양에서 앞선다고 하니 다행이라고 할 것이나 캐기만 하고 재배를 하지 않으니 앞으로가 걱정이다. 이 상태로 몇 해가 지나면 더 이상 내보낼 것이 없어지는 수도 있을 것이다. 일본과 아시아의 여러 나라에서 고려약초高麗藥草라고 불리면서 명성이 자자한데 정작 우리자신이 재배에 소극적이니 이상한 일이 아닐 수 없다. 모름지기 재배에 힘을 기울이고 증산에 박차를 가해야 할 것이다.

약용으로 쓰이는 약초도 중요하지만 식용약초와 공업용 약초가 상품으로서는 더 큰 의미가 있을 것이다. 가령 해바라기 씨는 특히 주목할 필요가 있다. 중국이나 러시아와 같은 나라와 국교가 트이고 정상적으로 무역을 하게 된다면 그 수요는 실로 엄청날 것이다. 우리나라 전국토의 산천에 해바라기를 심어 씨를 생산해도 중국과 러시아의 수요를 다 충당하기 어려울 것이다. 그런 나라 사람들은 해바라기 씨를 식용으로 사용하는데 그냥 먹기도 하고 차를 해서 마시기도 한다. 또 호주머니에 넣고 다니며 먹기도 한다. 별미로 먹는 것이기 때문에 형편이 어려운 사람들이 소비하는 것이 아니고 경제적으로 여유가 있는 사람들이 기호품으로 소비하는 것이다. 또 해바라기 씨는 기름을 짜서 먹으면 맛이 좋기로 소문이 나 있다. 아주까리 씨와 박하도 유망 수출 품목으로 고려할 만하다. 아무튼 해바라기, 아주까리, 박하는 우리나라 땅 어디서나 잘 자라고 버려진 땅 같은 데도 심어만 두면 잘되기 때문에 제법 큰 수입원이 될 수 있다.

또 하나 국부 창출의 원천이 될 수 있는 품목이 관광 개발이다. 우리나라는 예로부터 금수강산이라고 했다. 우리나라 산천은 과연 신선의 고향이다. 이것을 잘 가꾸어 세계에 내놓으면 우수한 관광 상품이 될 것이다. 스위스의 예를 보더라도 그 나라를 경제적으로 지탱하는 것이 시계와 알프스라고 하지 않는가.

그러니 막연히 상업이다 공업이다 농업이다 해서는 안 된다. 모름지기 한국의 건국 경제정책은 생산정책이란 것을 확실하게 천명해야 한다. 앞에서 경제정책은 교육과 연계되어 있다는 점을 지적했다. 과연 그렇다. 자원개발을 한다고 했을 때 교육이 뒷받침을 하고 나서지 않으면 안 된다. 가령 목축을 제대로 하여 가공도 하고 유통도 시키려면 인력이 필요하다. 교육 기관을 일으켜 인력을 맞춤형으로 양성해낼 필요가 있다. 이것은 목축만 그런 것이 아니다. 수산, 생사, 약초, 관광 할 것 없이 자원개발이라는 말이 붙는 데면 같은 사정이다. 다양한 양성 기관을 일으켜 전문성을 가지는 인력을 길러내어 생산직이면 생산직 사무직이면 사무직, 인재를 적재적소에 배치하는 작업을 치밀하게 해내야 할 것이다.

일을 도모함에 있어서 행정당국의 선도적 역할이 요구되는 것은 당연하다. 자유당 시절에 비해 지금은 그래도 행정을 책임지고 맡아 하는 사람들의 성심을 믿을 수 있어 그나마 다행이다. 그들에게 고충이 있다는 것도 이해한다. 이 복잡다단한 난국에서 지금 당장 그들에게 만점을 기대할 수는 없을 것이다. 그들에게 시간이 필요하다. 그러나 결국 그들의 손에서 모든 일이 잘 풀려가리라고 나는 낙관하는 편이다. 한편 국민이 호응하고 분발하지 않으면 안 된다. 잘살아보려고 하는 국민의 자각 없이는 되는 일이 아무것도 없다. 국민의 자각을 불러일으키는 면은 어쩔 수 없이 국민운동의 중요한 과제가 아닐 수 없다.

김범부(지은이)

1897년에 경주에서 태어나 1966년에 세상을 떠났다. 일제 때는 사상범으로 몰려 많은 고초를 치렀다. 경남 사천의 다솔사에 머무는 동안 해인사 사건에 연루되어 1년여 동안 일제 경찰의 감방 신세를 졌다. 유불선에 두루 능했으며 특히 동학에 조예가 깊었다. 일생을 야인정신으로 살면서 독서와 사색, 강의와 저술 활동을 했다. 민족재생의 동력을 찾기 위해 남들이 부러운 눈으로 서양을 바라볼 때, 우리 민족의 오랜 역사와 전통에서 근거를 구하려고 노력했다. 그러한 작업의 일환으로 풍류정신을 규명하고 그것을 해석의 틀로 삼아 신생 대한민국의 국민윤리를 세우고자 했다. 역시 같은 틀에서 범국가적인 국민운동의 전개를 제창했다. 제2대 민의원(국회의원)을 지냈으며 계림대학 학장, 동방사상연구소 소장, 5월동지회 부회장(회장은 박정희 국가재건최고회의 의장)을 역임했다. 지은 책으로는 『花郎外史』, 『풍류정신』, 『정치철학특강』, 『凡父 金鼎卨 단편선』이 있다. 그 밖에 「國民倫理特講」, 「花郎과 風流道」와 같은 강의 속기록이 남아 있다. 영남대학교 도서관에 범부문고가 설치되어 있으며, 범부연구회(회장 최재목, 선임연구원 정다운)를 중심으로 여러 학자들이 그의 사상에 대한 재해석 작업을 활발하게 진행하고 있다.

김정근(풀어쓴이)

경주에서 태어나 서울대학교와 같은 대학의 대학원을 졸업하고, 미국 도미니칸대학교에서 석사, 캐나다 토론토대학교에서 석사와 박사학위를 받았다. 부산대학교 도서관장과 대학원장을 역임했으며, 현재 부산대학교 명예교수이며 범부연구회의 자문위원으로 활동하고 있다. 한국도서관협회 연구상(1990년)과 부산시문화상(2012년 인문과학 부문)을 수상했다. 지은 책으로 『金凡父의 삶을 찾아서』, 『김범부의 생각을 찾아서』, 『김범부의 건국사상을 찾아서』 3부작을 포함하여 다수가 있다. 단독 또는 제자들과 공동으로 집필한 저작 가운데 지금까지 모두 7권이 대한민국학술원, 문화관광부, 대한출판협회 등이 주관하는 우수학술도서에 선정되었다.